河南数字普惠金融新格局
支持实体经济高质量发展研究

高彦彬 著

中国农业出版社

北 京

图书在版编目（CIP）数据

河南数字普惠金融新格局支持实体经济高质量发展研
究／高彦彬著. —北京：中国农业出版社，2023.10
ISBN 978-7-109-31146-6

Ⅰ.①河…　Ⅱ.①高…　Ⅲ.①数字技术－应用－金融
业－作用－区域经济发展－研究－河南　Ⅳ.
①F832.1-39②F127.61

中国国家版本馆 CIP 数据核字（2023）第 179386 号

中国农业出版社出版

地址：北京市朝阳区麦子店街 18 号楼
邮编：100125
责任编辑：司雪飞
版式设计：杨　婧　责任校对：张雯婷
印刷：北京科印技术咨询服务有限公司数码印刷分部
版次：2023 年 10 月第 1 版
印次：2023 年 10 月北京第 1 次印刷
发行：新华书店北京发行所
开本：700mm×1000mm　1/16
印张：8.75
字数：150 千字
定价：58.00 元

　　本书系河南省高校人文社会科学研究一般项目"河南数字普惠金融新格局支持实体经济高质量发展研究"（编号：2023－ZDJH－345）的研究成果。

前　　言

党的十九大报告提出，我国经济已由高速增长阶段转向高质量发展阶段；中国共产党河南省第十一次代表大会上进一步强调了河南省要推动实体经济高质量发展，这是当前和未来河南省经济发展的战略支点。《中国普惠金融创新报告（2020）》显示，数字普惠金融服务已经成为我国普惠性金融业发展的新潮流，它能够对实体经济赋能，为实体经济高质量发展带来推动力。当前，随着河南数字普惠金融发展速度的加快，发展程度的加深，区域差异性逐渐显现，河南数字普惠金融时空格局不断演化。所以，深入研究数字普惠金融新格局支持河南实体经济高质量发展具有重要的现实意义。

本书对数字普惠金融与经济增长理论进行了系统性回顾，介绍了河南数字普惠金融发展水平及其特征，阐述了河南实体经济高质量发展概况，客观地评价了河南实体经济高质量发展水平。通过时间和空间两个维度，对河南数字普惠金融的区域差异进行演化分析，刻画出河南省数字普惠金融新格局的演变过程，并选择具有代表性的若干因素，实证检验其对河南数字普惠金融发展的影响。在此基础上，选取河南实体经济高质量发展与数字普惠金融指标体系，实证分析了数字普惠金融新格局对河南实体经济高质量发展的支持效应：从因变量的空间相关检验开始，通过莫兰指数显示其显著性，对河南实体经济高质量发展总指数、各维度指数以及数字普惠金融指数进行空间杜宾分析，得出其空间溢出效应，并对该溢出效应进行分解，分别得到不同自变量和控制变量的直接溢出效应和间接溢出效应。最后，根据实证结果和存在的问题，提出了数字普惠金融支持河南实体经济高质量发展的政策建议，以期为推动河南实体经济高质量发展提供一定的理论参考。

本书在实地调研和收集资料过程中，得到了中国银行保险监督管理委员会三门峡监管分局雷云、中国人民银行焦作市中心支行程肖宁的协助。在本书研究与撰写过程中，河南理工大学研究生郭美楠、闫晓菡做了大量工作。在此表示诚挚的感谢！受笔者学术水平、资料来源以及研究条件等因素的限制，书中难免有疏漏之处，期待同仁与读者批评指正。

河南理工大学　高彦彬

2023 年 6 月

目　　录

第1章 导　　论

1.1　研究背景

　　党的十九大提出经济高质量发展之后，党的二十大进一步强调了这一要求。近年来，河南经济增长速度虽然较快，但经济发展过程中也暴露出诸多问题，如经济发展效率低、产业架构失调、系统功能不良等。为了克服经济发展过程中的现实问题，河南省把经济高质量发展作为当前和未来实体经济发展的战略支点。河南省在提出经济高质量发展之后，其经济发展模式随之发生了明显变化，即既要实现经济总量持续增长，又要保证全省各产业之间协调均衡发展；既要保持经济增长速度又要提升经济发展质量，这是每个现代经济体所期望构建的经济格局。

　　数字普惠金融的兴起为经济高质量发展带来新的机遇。2016年《G20数字普惠金融高级原则》中提倡深入挖掘数字信息技术的巨大潜力，用数字信息技术带来的机遇打通金融服务"最后一公里"。充分利用数字经济红利，把数字普惠金融的"普"和"惠"贯彻落实到经济发展上，改善经济发展过程中金融资源配置扭曲的局面。数字普惠金融的最终落脚点是通过构建高效、有保障、可持续的金融服务模式，为困难人群和不发达地区提供便利、平等、可担负的金融服务，降低金融服务的成本，削弱金融服务受地域限制的影响，它在提高金融服务的可获得性和便捷性方面具有传统金融服务不可比拟的优势。数字普惠金融为实体经济发展输血供氧，为实体经济高质量发展提供强有力的支撑。因此，数字普惠金融对实体经济高质量发展的影响，已经成为政府与学界深切关注的热点问题。

1.2　研究意义

1.2.1　理论意义

本书选取多维性的河南省实体经济高质量发展指标，分析数字普惠金融与实体经济高质量发展的内在关系和作用机制，扩充了数字普惠金融相关方面的研究；通过对河南省数字普惠金融指数进行时间和空间上的演化过程分析，科学地把握河南省数字普惠金融发展格局；构建河南省实体经济高质量发展指标，使用空间杜宾模型研究数字普惠金融与河南实体经济高质量发展的空间相关性，针对其空间回归结果，剖析数字普惠金融对河南实体经济高质量发展的直接和间接溢出效应，能够为数字普惠金融推动河南实体经济高质量发展提供重要的理论支撑，有助于从省域层面进一步丰富数字普惠金融支持实体经济高质量发展的理论体系。

1.2.2　现实意义

河南作为我国中部地区发展速度较快的省份，实体经济高质量且快速发展需要数字普惠金融的大力支持。考证河南省数字普惠金融在时间和空间上的演化格局，剖析其影响因素，有助于了解河南省县域之间数字普惠金融发展水平的差异性，准确把握其空间分布特征；针对数字普惠金融的发展是如何促进河南省实体经济高质量的发展问题进行了空间杜宾模型实证分析，根据实证分析的结果，提出针对性的政策建议，能够为河南省制定数字普惠金融及实体经济高质量发展方面的政策提供参考。

1.3　国内外研究综述

1.3.1　关于数字普惠金融的研究

(1) 数字普惠金融的内涵

数字普惠金融这一概念自提出以来，广大学者就对其内涵进行了研究分析。它是将数字技术运用于传统金融中，以更好地实现金融的"普"和"惠"，在打破时间和空间限制的过程中衍生的金融发展模式，其中普惠金融是起源，数字技术是支撑。传统金融，如商业银行、各大金融机构和面向低收入水平人群及小型企业的金融企业是数字普惠金融得以发展的重要基础（Nasri 和 Charfeddine，2012）。早期 Mandira Sarma 提出普惠金融可以让一个国家的所有居民都能得到且合理利用金融服务。Cámara 和 Tuesta（2014）认同 Sarma 的看法，并基于此对普惠金融进行了一定补充，他们认为普惠金融是在降低金融排斥的同时，增加传统金融的服务对象范围。Wibella（2018）对数字普惠金融进行补充说明，他认为其是利用数字技术手段冲破原有金融资源分配方式的限制，进一步扩大可得到金融服务的居民范围，以获取满足自身需要的产品或服务。焦瑾璞（2010）对普惠金融概念的界定拥有较高的认可度，其认为普惠金融的本质就是能够为社会上的所有居民提供金融服务和产品，特别是低收入和贫困人口。不仅如此，他还从价格、监管、企业和内容等四个方面总结了普惠金融的特点。姜振水（2017）强调了数字普惠金融中数字科技占有重要地位，他基于乡村地区的实际数据，比较了可能影响该区域数字普惠金融发展的各类因素，最终得出结论，即在数字科技的助力下，农村居民能够获得需要的金融服务和产品，满足自身的需求。在数字普惠金融体系的构建方面，董玉峰和赵晓明（2018）提出要加入"负责任"这个定性词，不仅要从金融供给者、金融消费者和监管机构 3 方面着手，还要考虑其本身的"定在任务"、运作模式、激励与监督机制、责任分配及商业可持续性等各个方面。数字普惠金融发展至今，对其内涵的界定开始出现创新性的解释。贺刚、张清及龚孟林（2020）把数字普惠金融六字拆分，分别阐释了其中的含义，"数字"为依赖于数字科技和信息技术，"普"包含无法接触或获得金融服务的低收入居民，"惠"是指价格合理、获取便利、使用安全，"金融"则是金融类的服务和产品。

（2）数字普惠金融的测度

Ambarkhane（2016）等在 Sarma 构建的金融包容性指数的基础上，以数字支撑因素作为辅助指标对数字普惠金融的测量体系进行完善。Pan（2016）考虑了消费者支付方式的改变，如从过去的纸币支付转变为现在的移动互联网结算方式，他将这一要素纳入了指标体系的范围。葛和平和朱卉雯（2018）在国外金融机构建立的普惠金融指标系统的基础上，从 3 个不同的层面入手，用 16 个指标构建了能够测度数字普惠金融的指标系统，以此来衡量我国数字普惠金融的发展水平。陆凤芝等（2017）创新性的使用 GMM 模型衡量我国东中西地区的数字普惠金融发展水平。不同于全国层面的指标系统，冯兴元和孙同全等（2021）从县域层面出发，利用网商银行的社会经济统计数据，从数字普惠金融服务广度、深度与质量三大维度出发，建构了县域数字普惠金融发展的指标系统，该系统能够对我国县域的数字普惠金融进行较好的衡量。马洪宁（2018）没有对我国的数字普惠金融进行定量测度分析，而是从 4 个方面定性分析了我国数字普惠金融的发展特征。黄秋萍等（2017）针对中国 2007—2015 年 31 个省份的普惠金融发展水平，采用欧式距离普惠金融指数的方法进行衡量。于晓虹等（2016）以决策者偏好模式为基础，构建了一个由 4 个维度、37 项具体指标组成的普惠金融综合评估体系。马彧菲、杜朝运（2016）根据普惠金融在 28 个国家和地区的发展情况，构建了我国普惠金融的指标体系，并运用 IMF（国际货币基金组织）"金融参与接触调查"发布的数据对普惠金融指标体系进行了构建。在普惠金融服务现行评价指标的基础上，2016 年，根据二十国集团发布的《G20 普惠金融指标体系改进版》增补了若干新评价指标，新评价指标主要涉及中老年使用电子支付比重、小微企业交易使用电子支付和移动支付比重等。

（3）数字普惠金融的作用

世界银行（2013）相信，普惠金融可以有效解决贫困问题，推动经济提升，促进社会全面发展。Park 和 Mercado（2015）对普惠金融的影响作用进行深入研究，采用实证分析的方法，验证了普惠金融能够在降低贫困水平和缓解贫富差距两方面起到显著作用。之所以将数字技术与普惠金融结合，进行融合发展，是因为 Sutherland 和 Jarrahi（2018）研究发现数字科技能够为金融体系中的各个网点提供新的连接方式，减少时间和空间上的限制，从而提高参与金融活动的便利性。Ozili（2022）研究发现，由于数字化金融的普及，贫困居民在获得金融服务和金融产品的过程中所付出的"皮鞋成本"能够有效下降，与此同时低收入群体触达金融服务的途径增多。邓振姣等（2013）通过实践和经验的研究分析，发现普惠金融在实现我国经济全面性和均衡性发展的过程中起着重要作用，并且能够进一步降低收入差距，降低低收入群体的数量。在普惠金融的快速发展过程中，金融科技是重点领域，焦瑾璞等（2015）研究了数字科技对普惠金融的影响作用，发现数字科技的价格经济、显效速度快，能够有效提高普惠金融的发展水平。因此数字信息技术开始和普惠金融进行融合发展，形成了新兴的金融模式——数字普惠金融。数字普惠金融具有其特有的优势，尹应凯和侯蕤（2017）

认为，数字普惠金融的发展基础是普惠金融和互联网科技的结合，其在易用性、成本、覆盖面、服务深度等方面均有一定优势。钱鹏岁和孙姝（2019）从长期和短期两方面出发，通过空间杜宾模型证实了数字普惠金融和降低贫困水平之间的关系，发现数字普惠金融可以很大程度上降低当地以及毗邻地区的贫困问题。蒋长流和江成涛（2020）从创新驱动的视角出发，研究了数字普惠金融对企业技术创新的促进作用。刘锦怡和刘纯阳（2020）、王凤羽和冉陆荣（2022）等众多学者通过对全国各省份面板数据的分析，发现数字普惠金融的普及程度，接受并使用的群体范围等因素能够降低农村地区的贫困水平，对减缓农村居民的相对贫困存在积极作用。魏军霞（2021）曾表示，数字普惠金融是一个把传统普惠金融理论和大数据技术相结合的新金融发展模型，它通过利用大数据技术来克服时空上的巨大差异，从而使得金融服务的覆盖范围得以逐步扩大，为众多中小微企业和弱势群体提供金融技术支持。

（4）数字普惠金融发展的影响因素

Beck（2008）选择发展中国家作为研究对象，基于当时各个国家的发展情况，探究在普惠金融的发展过程中，金融服务或产品的价格、居民收入的储蓄率、数字科技的创新程度等多方面要素分别发挥着怎样的作用。Helms（2006）和 Priyadarshee（2010）均以印度作为研究样本，前者发现移动支付软件的诞生和广泛推行能够填补印度低收入群体和贫困人口的金融需求，后者则从国家层面，提出政府的财政状况和各项社会福利能够保障普惠金融的推行。Malady（2016）以居民参与金融活动的积极性为切入点，发现金融知识水平和收入水平越高，越有利于数字普惠金融的发展，较低的文化程度和收入水平会导致群体缺乏参与金融活动的内在动力。张宇和赵敏（2017）以农村地区为切入点，探究数字普惠金融的影响因素，研究结果显示移动互联网的覆盖范围、相关的政策扶持、农村金融机构的创新及现代化发展这 4 个方面的影响最为显著。葛和平和朱卉雯（2018）在实际调研数据的基础上对我国进行区域划分，通过分别测度数字普惠金融的发展水平发现各区域存在有明显的差异，而造成这种差异的要素主要有 3 个，即互联网基础设施建设情况、各区域人口数量和居民的金融素养。王江和赵川（2020）选择长江中游地段包含的城市作为研究对象，研究各地市数字普惠金融发展之间的影响程度，结果显示经济、社会和收入 3 个方面的发展水平均对其有着明显的正向影响作用。王媛媛（2021）提出，新型城镇化能够对数字普惠金融产生积极影响。董晓林（2021）认为对自然资源的依赖可能从 3 个维度对数字普惠金融的发展产生负向影响。

1.3.2　关于经济高质量发展的研究

李金昌等（2019）提出，要科学地评估和测量经济高质量发展指数，从经济创新效率、协调发展、绿色发展、开放发展、社会共享发展 5 个维度建立 27 个指标评价体系。张军扩等（2019）在提升金融服务水平、进一步优化资源配置效率、改进科技迭代能力等层次深入研究中国经济高质量发展水平，构建内涵为"高效、均衡和可持续"的 3 个一级指标、16 个二级指标，验证在各区域、各产业经济高质量发展现状。袁晓玲等（2020）以 2003—2017 年为例，对 19 个省会城市的经济高质量发展进行绩效评估，建立带有"非预期"产出的评价体系，并以此作为研究对象，对我国各区域"好不好"的高质量发展问题进行了初步的探讨。程世越（2021）分别从社会发展、经济发展、生态环境发展 3 方面建立中国高质量区域经济发展指数，探究不同维度层面的省际经济高质量发展状况。蒋长流和江成涛（2020）基于新发展理念，建立 3 个主要指标和 9 个次要指标综合指标体系，探寻高质量发展的最优路径。李梦欣和任保平（2018）同样基于新发展理念构建 42 项基本指标，对 2000—2017 年全国经济高质量发展进行测量。张扬、解柠羽和韩清艳（2022）在深度理解经济高质量发展内涵后，从充分发展、平衡发展、美好生活和绿色发展 4 个维度构建指标，并运用模糊相似关系进行相关测度分析，同时又运用了 Dagum 基尼系数法探讨高质量发展的空间非均衡型格局及成因，进而了解到经济高质量发展的水平测度与空间差异性。李丹（2019）指出，要从"高速"经济转型到"高质量"经济，关键是要从传统的粗放型经济转向创新驱动型经济。既能促进企业的资本投资，又能把企业纳入全球价值链，从而提高企业的对外开放程度，促进经济高质量发展。魏军霞（2021）表示，数字技术能够在某种意义上为金融服务赋能，是金融服务的一种特殊功能，使其在一定程度上更有针对性地提供金融特定服务，从而突破传统普惠金融在服务方面的局限，进一步提升金融效能，实现普惠金融的"精准"与"普惠"双重功能，促使实体经济公平稳健发展，以推进经济高质量发展。

1.3.3 关于数字普惠金融与经济高质量发展关系的研究

Dollar 和 Kraay（2002）收集并整理了 92 个国家的数字普惠金融指数，基于实证分析结果得出以下结论：数字经济发展不仅有利于社会和谐稳定，而且在缩小贫富差距的同时会促进社会公平。Kama 和 Adigun（2013）研究尼日利亚数字普惠金融发展状况时，发现由于其在发展过程中缺乏金融基础设施及信息技术层面知识，使其数字普惠金融发展相对于其他国家而言处于滞后阶段。Diniz 等（2012）在进行相关研究时，融合了当时最新的巴西家庭生物识别技术、电子移动支付技术，在这些新型技术的支持下，他发现在经济发展过程中，新型技术的加入使得偏远和贫困地区的人们更容易获得金融服务。Bagli 和 Dutta（2012）为分析印度普惠金融的现状，采用移动银行模型进行研究，并据此提出印度普惠金融发展新理念。宋汉光等（2014）以 2005—2012 年各指标数据作为研究对象，对我国普惠金融发展与经济高质量发展指标进行面板数据的实证研究，结果显示，与普惠金融的深度指标相比，数字普惠金融综合指数在我国经济高质量发展过程中的作用更为显著。相较于发达国家，数字普惠金融对发展中国家缩小城乡收入差距效果更加显著且影响力也更大。李涛等（2016）收集整理跨国跨区域指标数据，分析普惠金融发展现状，同时构建包括个人存款账户、银行在投资融资来源中的比例和企业贷款利率等 10 个指标，在研究过程中他们发现，发展中国家绝大多数指标对经济高质量增长有显著正向影响；而在发达国家经济发展过程中，个人金融服务指标包含个人账户比例等因素对经济高质量增长存在较为显著的负向影响，这可能是由边际收益低于边际成本所造成的。高培勇（2019）、金碚（2018）、何立峰（2018）分别都针对经济高质量发展的推动力做出相关说明，数字普惠是在数字化技术的基础上，通过重构传统普惠金融模式，为传统金融模式注入新活力，改变金融资源融资渠道、金融服务方式，间接促使经济驱动力发生转变，促进经济高质量发展。周超和黄乐（2022）运用回归分析模型从经济要素市场发育程度、产品质量等多个角度探讨发展数字普惠金融对促进地区经济发展的作用。滕磊和马德功（2020）进行相关研究时发现，数字普惠金融通过提高对外开放水平、区域创新水平的方式，解决了企业融资限制等问题。黄智淋（2013）、张亦春（2015）实证研究数字普惠金融对经济高质量发展的直接及间接影响，并基于李红（2014）、马亚明等（2022）通过从经济高质量发展和数字普惠金融之间的相关溢出性视角入手，建立实证模型，分析数字普惠金融对经济高质量发展的影响。

1.3.4 国内外研究评价

综合国内外相关文献可看出，数字普惠金融的内涵已经有了比较清晰的理论界定。在数字普惠金融水平的测度、数字普惠金融的作用、数字普惠金融的影响因素、经济高质量发展、数字普惠金融与经济高质量发展关系等方面均有诸多成果可以借鉴。然而，数字普惠金融诞生至今不过寥寥数年，国内学者对数字普惠金融与城乡收入差距、居民消费水平或减贫效应之间的关系关注较多，而对于数字普惠金融对实体经济高质量发展影响的研究较少。

鉴于上述情况，本书以现有研究成果为基础，以河南省数字普惠金融发展现状为出发点，通过时间和空间两个维度，对河南省数字普惠金融的区域差异进行演化分析；从因变量的空间相关检验开始，利用莫兰指数与空间杜宾模型进行实证分析，来验证数字普惠金融对河南省实体经济高质量发展的效应，揭示河南省数字普惠金融在促进实体经济高质量发展中的作用。旨在为数字普惠金融发展提供新的思路与方向，为实现河南省实体经济高质量发展提供现实借鉴。

1.4 研究内容

第1章，导论。首先介绍相关研究背景和研究意义，提出河南数字普惠金融新格局支持实体经济高质量发展的重要性及迫切性，然后对国内外研究成果展开综合论述并作相关评价，提出本书的研究思路、研究方法以及可能的创新之处。

第2章，基础理论。主要对普惠金融、数字普惠金融、经济高质量发展进行界定，对金融排斥理论、金融抑制理论、金融地理学理论、金融创新理论、金融与经济发展理论进行梳理，为本研究奠定理论基础。

第 3 章，河南数字普惠金融发展现状。首先介绍河南数字普惠金融发展概况，其次对河南数字普惠金融指数进行分析，并归纳河南数字普惠金融的特征。

第 4 章，河南实体经济高质量发展现状。阐述河南实体经济高质量发展概况，分析河南实体经济高质量发展指数，系统地评价了河南省当前实体经济高质量发展水平。

第 5 章，河南数字普惠金融新格局的形成。首先从时间角度分析河南省数字普惠金融指数的变化趋势，然后对河南省数字普惠金融进行空间全局自相关、局部自相关及冷热点分析，探究普惠金融新格局的形成过程。并建立面板回归模型，从整体和局部两个角度出发，实证分析影响河南省数字普惠金融发展的若干因素。

第 6 章，河南数字普惠金融新格局支持实体经济高质量发展实证分析。对河南省实体经济高质量发展指标、数字普惠金融指标展开空间杜宾模型分析，进而分析河南数字普惠金融新格局支持实体经济高质量发展的现实效应。

第 7 章，研究结论与政策建议。总结实证分析结果，分析存在的问题，结合河南省的实际情况，提出针对性的政策建议。

1.5　研究思路和研究方法

1.5.1　研究思路

在对相关概念界定、对相关理论梳理的基础上，描述河南省数字普惠金融和实体经济高质量发展现状；探究河南数字普惠金融新格局的形成过程及其影响因素；实证分析河南数字普惠金融新格局支持实体经济高质量发展的效应；根据实证分析结果和存在的问题，提出了若干政策建议。本书研究框架如图 1-1 所示。

```
                    ┌──────────┐
                    │  提出问题  │
                    └──────────┘
                          │
                          ▼
┌──────────┐        ┌──────────┐        ┌──────────┐
│  研究意义  │◄───────│  研究背景  │───────►│  研究综述  │
└──────────┘        └──────────┘        └──────────┘
      │                   │                   │
      │                   ▼                   │
      │             ┌──────────┐              │
      └────────────►│  理论基础  │◄─────────────┘
                    └──────────┘
                          │
                          ▼
          ┌──────────────────────────┐
          │   河南数字普惠金融发展现状   │
          └──────────────────────────┘
                          │
                          ▼
          ┌──────────────────────────┐
          │   河南实体经济高质量发展现状  │
          └──────────────────────────┘
                          │
                          ▼
          ┌──────────────────────────┐
          │  河南数字普惠金融新格局的形成 │
          └──────────────────────────┘
                          │
                          ▼
   ┌─────────────────────────────────────────┐
   │ 河南数字普惠金融新格局支持实体经济高质量发展实证分析 │
   └─────────────────────────────────────────┘
                          │
                          ▼
          ┌──────────────────────────┐
          │     研究结论与政策建议      │
          └──────────────────────────┘
```

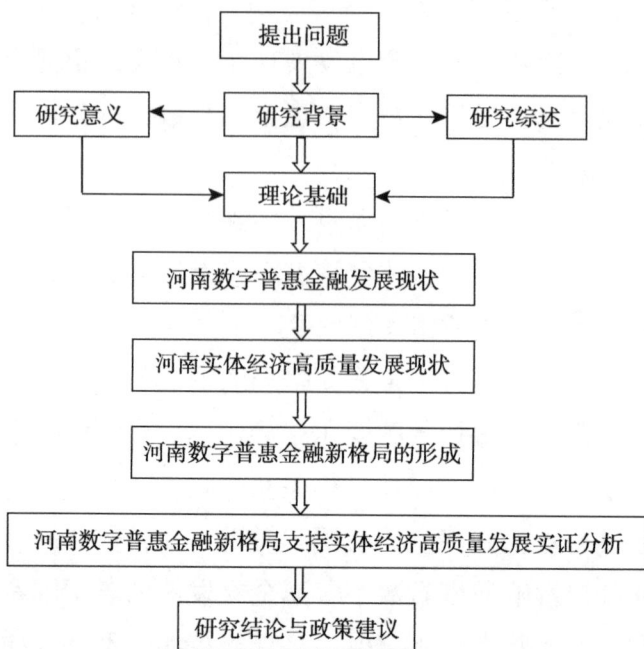

图 1-1　研究框架

1.5.2　研究方法

(1) 定性定量分析相结合法

基于定性角度，探索数字普惠金融对河南省实体经济高质量发展的作用；从定量角度，对河南省实体经济高质量发展水平指标数据进行熵权法处理，并采用空间相关性检验方法对最终结果进行空间相关性分析。

(2) 空间演化分析法

运用探索性时空数据分析法，对河南省数字普惠金融的空间自相关性进行探讨。主要采用全局、局部两种自相关统计量以及冷热点分析，对河南数字普惠金融的空间依赖和异质性进行测度，从而揭示河南数字普惠金融新格局的演化过程。

（3）模型分析法

运用空间加权法测量空间单元的相对位置和空间依赖性，再根据空间效应的差异性，选取空间杜宾模型检验两者之间的空间相关性，据此得出空间溢出性检验，从而验证数字普惠金融支持河南实体经济高质量发展的效应。

1.6　可能的创新之处

（1）探索河南数字普惠金融新格局的形成过程

运用较为新颖的探索性时空数据分析法，对河南数字普惠金融的时空分异模式进行探究，并形象地展示出来，从而能够更好地揭示河南省数字普惠金融新格局的形成过程。

（2）实证分析影响河南数字普惠金融发展的因素

分析河南省数字普惠金融发展状况，并建立面板回归模型，从整体和局部两个角度出发，实证分析影响河南省数字普惠金融发展的若干因素。

（3）考证数字普惠金融支持河南实体经济高质量发展的效应

采用空间杜宾模型，系统地展示数字普惠金融总指标对河南实体经济高质量发展的基本影响、综合影响、影响路径，并对数字普惠金融与河南实体经济高质量之间是否存在空间溢出效应进行了检验。

第 2 章　理　论　基　础

2.1　概念界定

2.1.1　普惠金融

2005 年，联合国对普惠金融的内涵和特点进行了系统化的界定：普惠金融以高效率、持续性、全面性的标准来建设金融体系，使金融系统更好地为社会各界提供金融服务。世界银行认为普惠金融能够覆盖传统金融体系之外的群众，照顾到社会内的所有居民和企业，以能够负担的价格向他们提供必要的金融服务。全球普惠金融合作伙伴组织则对普惠金融的受众范围有不一样的界定，强调普惠金融的受众范围并非社会或地区的全部群众，而是具有一定工作能力的群体。亚洲开发银行提出，普惠金融应向社会提供广泛的金融服务，如将转移支付、存款和贷款、保险服务和投融资业务等金融服务应用于贫穷居民、低收入居民和小微型企业。

在我国《推进普惠金融发展规划（2016—2020 年）》文件中，对普惠金融的定义如下：普惠金融是在金融机构可提供机会平等、交易业务可持续性以及成本控制的基础原则下，向需要金融产品和服务的所有社会阶层提供金融服务的过程。杜晓山给出普惠金融的定义是：普惠金融是一种成熟的金融产业，它可以提供小额贷款服务及多样化产品。邢乐成将普惠金融和传统金融、贸易金融进行综合对比，在比较时采用"取其精华，去其糟粕"的方式，在普惠金融发展中融入"三服务"和"三可"的发展理念,"三服务"是为中小微企业和其他易受伤害群体提供金融服务,"三可"是建立在可承受、可获取和可持续发展的基础上,从消费者权益保护的法律视角来界定普惠金融的内涵。星焱总结了"5+1"的普惠金融定义法,其中"5"是指以往的普惠金融表述中均存在的特性,即可获得性、价格合理性、便捷性、安全性和全面性,"1"是有特定的服务对象,他认为当某一经济行为满足了"5"中的一个或以上,并且面向特有的普惠金融用户群体,那么其就属于普惠金融的范畴。

虽然上述概念中对普惠金融定义大体一致,但由于预期目标不完全相同,所以不同国家、组织和学者对普惠金融的定义有所不同,主要区别在于普惠金融服务的人群不同以及所提供服务内容的差异。普惠金融的要旨在于"普"和"惠",其目标是使社会内所有人和团体都能享受到金融服务,强调了一种包容性,能够解决现实中的金融排斥现象。本书认为,普惠金融是社会各群体、各阶层、各组织可以广泛、公平地获得金融服务的金融体系,具有可获得性和广泛公平性。

2.1.2 数字普惠金融

数字普惠是对普惠金融在融合一系列数字化技术后形成的崭新普惠金融管理模式,不仅是传统普惠金融发展的写照,也是对普惠金融融合一系列数字化技术后的再创新,普惠金融和数字技术在发展进程中相得益彰,把普惠金融的普惠和数字技术的精准特性发挥到极致,并由此形成一种全新的数字普惠金融理念。数字普惠金融发展历程如图 2-1 所示。

数字普惠金融是在 2005 年提出的,2006 年在全国范围内引起了广泛的重视。数字普惠金融是一种新兴的、有别于传统的金

```
首次提出      受到广泛关注，并                    打破传统普惠金融发展理念，结合
              提出新的发展理念                    新的发展动力使其可持续发展

  ├──────────┼─────────────────────────────────────┼───────────────────────►
2005年      2006年                                2016年
```

图 2-1　数字普惠金融发展历程

融观念，是世界范围内金融创新的最佳选择，这不仅因为利用中国现阶段金融发展趋势可创造出新的金融理念，还因为它能够在很大限度上解决传统金融无法解决的问题，因此，它拥有传统普惠金融所未能拥有的优点。例如解决社会中所有传统金融部门无法改变的金融排斥难题。数字普惠金融发展的核心要义在于突破传统普惠金融限制，充分发挥普惠金融在经济发展中的价值。数字普惠金融通过发挥信贷便利、融资成本低廉、支付快捷的优势，从而使金融资源最大限度地普及社会各阶层，更好地服务于大众；在传统金融服务的基础上，数字普惠金融服务机制做出了改善和调节，服务内容有所扩充，但为世界各大银行等金融机构提供数字化技术是现阶段数字普惠金融发展的核心要义；随着时代的推移，数字普惠金融逐渐稳固发展，在相关理念的加持下，数字普惠金融的发展逐渐趋于成熟化，数字普惠金融拥有了健全的管理体系、严格的内部控制，使得各地区和各企业在运用数字普惠金融这一理念处理各种金融发展问题时，有着工作效力稳健、处理有效等特点，因此它能够满足公众的各种金融服务选择。

企业、家庭和个人是数字普惠金融服务的主要对象。中低收入人群和贫困人群作为重点关注群体，数字普惠金融会为之提供更为完善的、全面的金融服务。2016 年，我国制定了新一轮的普惠金融战略，并把握住了金融发展的大好时机。如今，在社会经济高质量发展大趋势下，互联网科技公司提供全新的数字金融服务，使得

数字网络优势不断显现，金融服务范围持续扩张，基于互联网技术信息传播功能将金融服务成本不断降低，打破了传统金融服务依靠出口无法满足边远地区需求的限制。中国的数字普惠金融至今经历了许多发展阶段，就现阶段而言，结合高端数字技术发展普惠金融是其最新动态目标。

数字普惠金融发展的终极目的是达到在全球范围内数字普惠金融的广泛应用，使数字技术和普惠金融有机地整合，而在数字技术不断发展壮大的同时，数字普惠金融发展模式得以不断更新。在我国经济发展过程中，数字普惠金融的发展和创新同样基于信息加工、通信、电力等方面基础设施的不断研发和创新。科学技术的发展和环境的优化为其发展提供持续性动力，可以持续推进数字普惠金融更好发展。数字普惠金融的重要特性如图 2-2 所示。

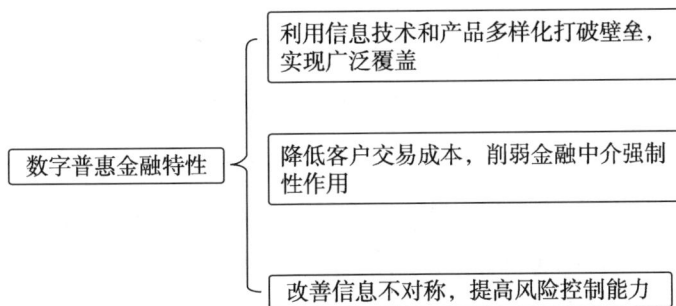

图 2-2　数字普惠金融特性

2.1.3　经济高质量发展

经济高质量发展是指实现经济增长和城乡均衡发展的一种先进质量管理的构想和方法，它以创新为驱动，推动绿色发展，使金融服务更加公平地惠及全体人民，同时，合理优化产业结构，实现产业结构转型升级，促使产业发展效益明显提升。我国经济高质量发展历程如图 2-3 所示。

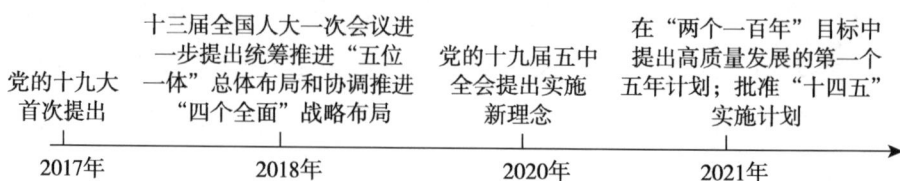

十三届全国人大一次会议进
一步提出统筹推进"五位
一体"总体布局和协调推进
"四个全面"战略布局

在"两个一百年"目标中
提出高质量发展的第一个
五年计划;批准"十四五"
实施计划

党的十九大
首次提出

党的十九届五中
全会提出实施
新理念

2017年　　　　　　2018年　　　　　　2020年　　　　2021年

图 2-3　我国经济高质量发展历程

　　党的十九大报告第一次提出了"高质量发展"的理念,并指出中国的经济发展要从加速型向高质量型转变。报告中所提到现阶段需建立健康、绿色、低碳循环经济体,这是作为现阶段经济发展的重要时代课题。高质量发展实质上是基于市场经济活力、创新力和竞争力的经济发展,因此,在某种意义上,高质量发展离不开市场经济活力、创新力和竞争能力。市场经济活力、创新力、竞争力与绿色发展是紧密联系在一起的,如果没有绿色发展,市场经济的活力、创新力、竞争力就会失去生命、活力和信心。从这个意义上讲,我国经济从高速发展转变到高质量发展的重要标志是实现绿色经济发展。

　　2018 年 3 月全国人民代表大会召开,在政府工作报告中把经济高质量发展新理念概括为统筹推进"五位一体"总体布局,协调推进"四个全面"战略部署,坚持深化供给侧结构性改革,供应链协调稳健构成,努力促进经济稳定增长、促进产业结构创新调整、防范系统性金融风险,按要求推进中国经济高质量发展。

　　2020 年 10 月,党的十九届五中全会基于科学判断,并结合中国国情、发展条件、发展环境等方面提出经济发展观,"十四五"期间,要推动社会、经济发展,就必须坚持把推进经济高质量发展作为主线,深入推进经济结构调整,以提高经济发展质量和效益为核心,以习近平新时代中国特色社会主义思想为经济发展理论基础，发展和落实新发展理念，转变经济发展模式，改善民生条件。

随着时代进步，高质量发展已经较为显著，且就 2021 年而言，正值"两个一百年"的历史性交会，习近平总书记先后在重要专题会议上强调"高质量发展"的重要性。2021 年国务院政府工作报告中提到了"十四五"期间的第一个五年计划，为实现我国的经济现代化建设而努力。当前我国正处于重要战略发展时期，因此现阶段中国必须正确认识战略机遇期的发展目标，实施新发展观，加快构建新的产业结构，发展高质量经济是实现社会主义现代化的重要保证。《中共中央 国务院关于新时代推动中部地区高质量发展的指导意见》是中央政治局在 2021 年 3 月 30 日批准的经济高质量发展相关性文件，意见中指出促进我国中部地区经济高质量发展是实现全国经济高质量发展的关键。2021 年 9 月 14 日，《推进资源型地区高质量发展"十四五"实施方案》获国务院批复同意。关于"推进资源型经济发展"实施意见，是经国家发展改革委、自然资源部、财政部同意的一项经济措施。高质量发展经过以上过程，在国内市场中占据重要地位，并且在"十三五"时期取得了显著进展。以习近平新时代中国特色社会主义思想为指导，我们的经济已经由速度模式转型为质量效益模式，城市化发展的质量和区域系统发展的协调机制均存在明显改善，大力推动了我国经济朝着更高质量、更高效率、更具公平性和可持续性的安全方向发展。

高质量发展在经济发展中所处位置决定着它自身的内涵定位，时代发展过程中，中国特色社会主义已经成为当今社会发展的大趋势。同样的，经济发展模式随之改变。经济高质量发展的内涵，就是要使经济适应社会主要矛盾的转变，持续、健康地发展。我国经济高质量发展特征如图 2-4 所示。

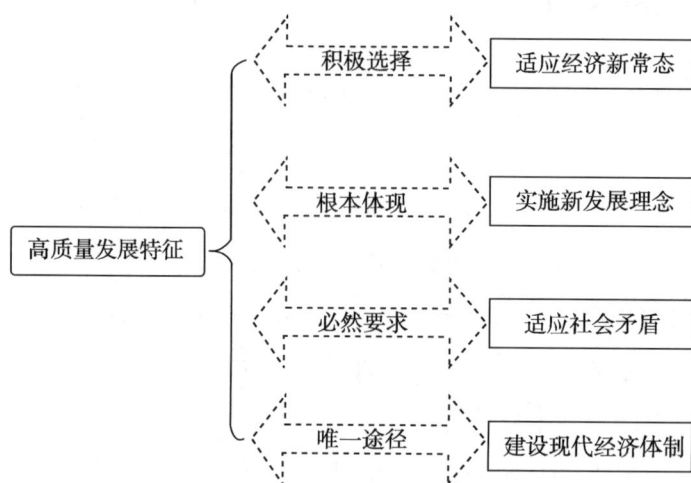

图 2-4　我国经济高质量发展特征

2.2　理论梳理

2.2.1　金融排斥理论

数字普惠金融的产生，就是因为金融排斥的存在。金融的最终目标是实现金融自由化，即普惠性。金融排斥是因为在经济社会中，有一部分人因为文化水平、地域等原因，没有办法得到金融服务给他们带来的利好。金融排斥可分为五类：第一，机会排斥。大部分是因为地域因素，例如城郊区、贫困地区和不发达地区，因为地理环境的原因很难接触到金融服务，或者说接受的金融服务成本太高。第二，条件排斥。很多金融服务在执行时有很多的限制性条件，并不是针对部分公民。第三，价格排斥。造成价格排斥的原因一般都是金融服务的价格让一部分人望而却步。第四，市场排斥。因为一些政策的规定，有些金融服务并不是针对所有公民的，只适用于部分公民。第五，自我排斥。

这一般是由于消费者本身的原因，自己主动地放弃了享用金融服务。

金融排斥表现出金融服务的门槛效应，如果我们要享用金融服务，我们就必须要考虑到自己的财富状况，要有一定的财富积累才能参与到金融服务中去，而且金融服务大多都需要中介费用，这一点也需要考虑。在同一地区当中，高收入群体可以较快地达到一定的财富积累，获得金融服务的入场券，从而通过一些理财项目让自己的资产保值和增值，形成一个良性的循环，而低收入群体因为收入较低，很难达到金融服务市场的准入条件，从而被金融市场排斥在外，金融服务的门槛效应在一定程度上加大了贫富差距。

金融排斥也表现出金融服务的非均衡效应，因为地域条件和一些政策，导致金融发展在不同的地区展现出差异性。例如，我国东部地区要比中部和西部发展得更好，这主要是因为东部地区的地理位置比较好，对于贸易往来和产业发展都具有优势，再加上我国"先富带动后富"的政策加持，给东部地区的发展带来很多利好政策，加速了其发展。而数字普惠金融所提倡的普惠性，可以弥补这方面的缺失，使得资源能够合理利用，使各要素在地区和城乡之间合理再分配，促使不同区域之间协调发展。

数字普惠金融相对于传统金融而言最大的优势是其普惠性，能使各个地区的居民更加便捷地享受到各种金融服务。例如微信支付、支付宝等支付形式已经基本普及，各个地区的居民都能通过移动客户端进行网购、投资理财，还可以通过一些 App 进行不同额度的借贷，进行提前消费，打破了金融服务受地理位置的阻碍、扩大了金融服务覆盖面的同时也增加了金融产品的多样性，使得金融资源能在各个地区进行合理配置，极大地降低了由于金融排斥所带来的门槛效应和非均衡效应。

2.2.2　金融抑制理论

美国的经济学家 Mckinnon 和 Schnabl 认为经济和金融的发展之间存在着一种辩证关系，二者既相互制约又相互促进。以这个观点为基础，两位学者通过研究发展中国家的经济金融现状，提出了"金融抑制"理论。金融抑制是指一国的经济金融发展过程中市场机制没有占据主导地位，政府有过多的干预行为，例如规定和控制金融市场的利率和汇率的高低浮动等，扰乱金融市场正常的价格变化，对经济发展产生消极影响。

在金融抑制存在的情况下，市场的表现会有一定的变化。由于政府干预行为，名义利率往往会偏离市场上的均衡利率，若假设金融市场的利率 γ^* 小于市场机制作用下的均衡利率 γ，则会出现资金供求双方的不匹配，需求大于供给。在资金有限的情况下，资金供给方更倾向于将资金借贷给规模大、信誉好的个人或企业，而中小型企业、信用评级较低的个人因具有较高的风险而难以获得资金，进而无法提高经济的发展速度，使经济发展受到一定程度的抑制，如图 2-5 所示。

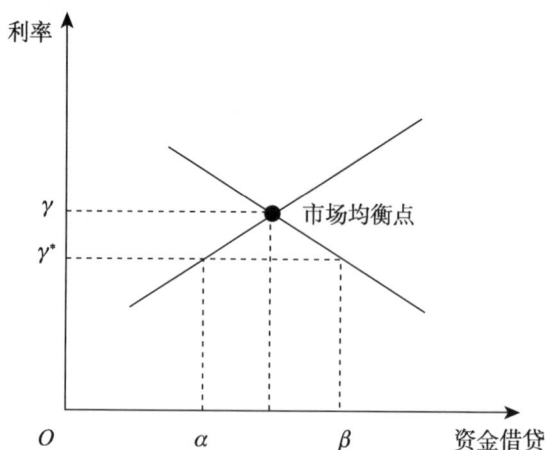

图 2-5　金融抑制对于市场的影响

　　我国目前仍处在发展中国家行列，金融抑制现象客观存在，尤其在经济水平低、金融发展落后的县域地区。金融基础设施不健全、互联网不发达和收入水平较低的县域地区被较高的金融门槛挡在金融体系之外，难以参与金融活动，无法挖掘和满足其真实的金融需求。关注县域地区的金融抑制现象能够更好地实现普惠金融的"最后一公里"，促进普惠金融与信息技术结合的数字普惠金融的发展。

2.2.3　金融地理学理论

　　金融地理学兴起于 21 世纪，其意义在于将地理学和金融的发展联系在一起，提供一个新视角对金融问题进行推究。作为一个边缘学科，金融地理学在探究金融发展过程中出现的特征和问题时，引入了地理位置和空间距离等地理学的因素，尤其注重因地理因素的不同而导致的其他因素对金融集聚的影响，是一门结合经济学和地理学的新兴学科。

　　1975 年，Jean Labasse 创新性地从地理学科的角度出发，描述了法国里昂地区众多银行网络的形成过程，讲述了中心大城市之间的金融关联，他是第一个从地理学角度分析金融问题的学者。到了 20 世纪 80 年代，相关论述逐渐增多，但都没有对理论的概念进行界定。著名学者克鲁格曼曾对产业发生集聚现象的原因进行探求，其提出消费者的消费需要、外部经济以及产业趋同化是三大影响因素，相对系统地论述了出现产业集聚的原因，并对产生集群的现象进行了全面的解释，他的理论给金融地理学的发展提供了新的方向。

　　金融地理学理论认为金融行业之所以出现产业集聚现象主要是因为"信息外溢效应"，并习惯用信息论来解释金融集聚在空间上的迁移，因此就出现了四种核心理论。1996 年，Arthur 的"路径依赖理论"认为产业集聚的形成是某种特殊的递增收益、"路径依赖"或其他原因,金融行业产生集聚过程中,路径依赖这一特征尤为突出。1999 年,Porteous 的"信息腹地论"认为,在信息的传递和接收过程中可能出现偏差,从而影响后续的判断,而在空间地理上距离信息腹地较近的地区能够以较低的成本和较高的效率获得较为准确的信息,从而能够做出更好的反应,这样的信息腹地往往是能够形成金融集聚的中心城市地区。"信息不对称理论"认为在注重信息有效性的金融行业,对利益的寻求使得资金供求双方在获得信息上有着不对称性,对有用信息的寻求会促使金融企业和群体向信息源地汇聚。"信息外在性理论"中把信息看作是具有公共性质的产品,有着低成本、高传播性,这种"外在性"可以使得金融企业在集聚中获得海量的信息,从而利用信息获取利益。

数字普惠金融是在普惠金融的基础上融入了数字技术的应用,数字技术可以无视地理位置的限制,提高信息的覆盖范围和传播速度,也可以使得居民以更简便的方式获得信息。结合金融地理学理论,数字技术助力信息的传递和接收,数字普惠金融这一新兴的金融模式会在空间地理上表现出集聚现象,不仅在省市层面,深入到县域层面的数字普惠金融也存在集聚现象。

2.2.4 金融创新理论

金融创新是由需求引发的一种金融现象,它以追求利润为发展导向。金融创新理论体系丰富,根据内在驱动力的不同可以分为六个要素,包括:第一,技术推进论。技术革命中产生具有创造性的新技术,能够为社会经济发展提供物质和技术上的支持。第二,财富增长论。经济高速发展带来财富迅速增长,伴随而来的是财富管理和合理配置的需求,因而引起金融服务和产品的迎合创新。第三,约束诱导论。因其独有的高收益高风险并存的特征,金融业内部和外部存在制衡因素，往往为了摆脱制约进行金融制度或工具的创新。第四，制度改革论。金融与经济是一朵"双生花"，经济制度的改变会引起金融行业的创新，而金融创新的结果又会导致经济制度的改革。第五，规避管制论。出于维持经济的平稳发展，保持金融环境的相对公平，政府推出相关的政策制度对金融业内的"边界"行为进行管制。为了规避大量管制，金融行业会通过创新产品等方法寻求利润。第六，交易成本论。更低的交易成本才能带来更多的利润，金融创新的驱动力之一就是降低交易成本，降低金融服务或出售金融产品过程中的成本费用。近几年在金融创新的推动下，数字技术和数字金融产品不断推陈出新，如表 2-1 所示。

表 2-1　新兴数字技术及代表性数字金融产品

数字技术	代表性数字金融产品
数字通信技术	网上支付、O2O 支付、网上证券经纪业务
云计算、大数据	P2P 网络借贷、供应链金融、互联网贷款、UBS 保险
人工智能	机器客服、智能顾问
区块链	数字货币、分布式资产交易平台

借助新兴数字技术，如大数据、云计算、人工智能等，互联网企业将数字技术与金融服务进行结合，开展创新性改革并推出了众多数字金融产品。支付宝便是极具代表性的数字金融产品，它不仅能够满足广大居民对生活支付、资金分配等方面的要求，还能够提供融资贷款等方面的金融业务，有助于进一步推广数字普惠金融。

数字普惠金融系统内各个组成部分均是在原有金融基础上进行创新得到的。基于金融的"普""惠"发展趋势，结合互联网发展现状，政府重点支持结合当地居民的个人特征等要素推出的创新型数字金融产品和服务，是金融创新理论与数字普惠金融良好结合的成果。

2.2.5　金融与经济发展理论

金融与经济发展理论主要研究的是金融发展和经济增长之间的关系，并在此基础上逐步形成了金融结构理论、金融深化论、金融约束论。金融结构理论是金融发展理论形成的基础，Goldsmith通过对 35 个国家将近 100 年的数据进行定性和定量相结合的方法分析，得出研究金融发展其实就是研究金融结构的发展的结论。他创造性地提出金融相关率这一指标，金融相关率就是在特定的时间内，社会金融和经济的活动相关总量的比值，以此来衡量金融结构，从而衡量金融的发展情况。金融相关率与经济增长两者之间呈现出正相关的关系，即金融结构越优化，越能促进经济的发展。

随着经济的发展，金融结构理论无法再解释很多经济现象，在此基础上，"金融抑制"和"金融深化"这两个概念应运而生，这两个概念可统称为金融深化。金融抑制主要指的是发展中国家因为利率和汇率的管制，导致资金和外汇两方面的供求失衡，从而影响资金的利用效率，进而使得投资减少，经济发展受到抑制；金融深化指的是金融体系的发展和经济的发展相辅相成，良性互动。金融深化理论的形成，为很多发展中国家制定金融政策和货币政策提供了强有力的理论支撑。

金融自由化并未达到经济学家的理想预期，经济学家又开始了新的探索，在新凯恩斯主义学派的观点基础之上，挖掘了金融市场的不足之处，提出金融约束理论。金融约束理论是对金融深化论的发展和延伸，该理论认为发展中国家在金融自由化进展的道路上，针对所出现的信息不对称、金融监管不到位等市场失灵情况，要发挥政府的作用，政府要适当地对市场进行干预，以保证市场能够高效运转。

2.3　数字普惠金融对经济高质量发展的作用机制

2.3.1　数字普惠金融的外部经济效应

机会均等是数字普惠金融发展的重点强调部分，主要是针对社会与经济发展相协调的问题，经济健康完善发展的前提是外部经济中所强调的建立完善的社会保障体系。普惠金融的政策实施效果会受到交易成本以及地域限制等因素的影响。但随着时代的进步，近些年普惠金融在数字技术的加持下，与互联网技术深度融合，依据信息技术建立了更具金融服务能力的数字普惠金融体系。

随着互联网技术的发展，金融网络的节点越来越多，各个金融组织之间的关联度越来越高，随之其应用价值也日益增长。现阶段根据对网络技术的深度挖掘，利用云计算、人工智能、大数据等技术，可以将系统内储存的数据进行一定程度上的整合，实现投资者与投资项目的最佳匹配，从而实现金融资源的最优化配置。同时，在信息风险方面，运用信息技术建立企业、金融机构、个人信用档案记录和信用评估体系，可以降低金融网络中的信息不对称性风险。

2.3.2　数字普惠金融的规模经济效应

现代互联网信息技术的发展为数字普惠金融的发展奠定了坚实基础，它以网络技术为核心，实现了信息传递，使得数字普惠金融的服务业务可变成本为零，且边际成本随着金融规模的增大而变得不显著，但却具有显著的规模效益。作为一种创新型金融服务模式，数字普惠金融是一种以网络为纽带，搭建起自己的商业平台，为有需要的人群提供多种形式的、方便的、成本低廉的信贷服务。速度快、效率高是互联网技术区别于其他金融技术的独特优势，所以在网络平台上，可以很好地解决各种金融机构的支付、投资、借贷等业务问题，增加资金的流转次数，为金融服务提供极大的方便，加快资本市场上金融资源的流动速度。同时，网络服务的高效率在一定程度上提高了信息不对称风险的有效控制水平，并促进在融资中介业务中构建的新金融资源、金融服务和金融衍生服务系统更加完善，使金融服务机构间的信息交换更加紧密。以互联网为基础，实现数字普惠金融的规模效益，并以其空间辐射的方式，带动当地及周边地区的经济发展。

2.3.3 数字普惠金融与经济高质量发展之间的传导机制

数字普惠金融在我国不断创新和发展的过程中，结合经济发展中的相关理念优势，不断汲取精华，最终形成符合经济高质量发展的多维经济发展模式，如图 2-6 所示。

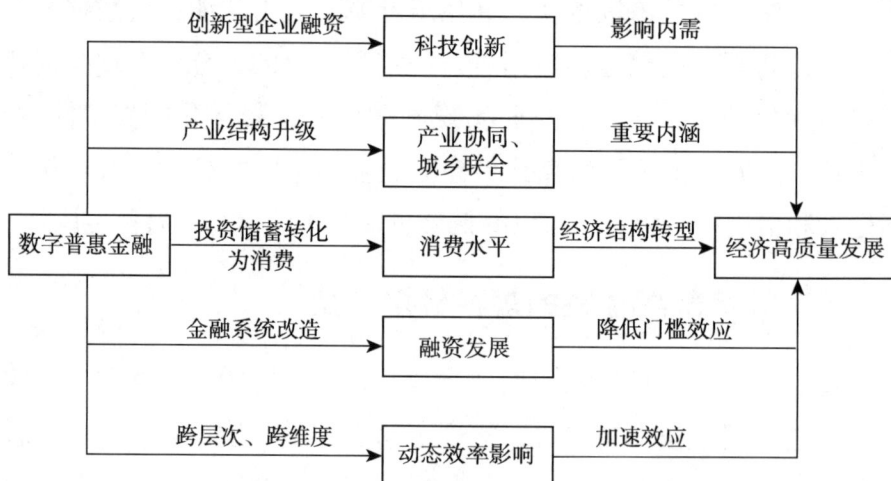

图 2-6 数字普惠金融与经济高质量发展间传导机制

经济高质量发展要坚持"五大发展理念"，促进在创新、协调、绿色、开放和共享五个维度的同时平衡前进、统筹发展。金融服务是经济发展的推进剂和动力来源之一。数字普惠金融以发展数字经济为主要目标，将数字技术作为衡量准则促进金融服务发展，从而利用数字技术降低金融发展交易成本、突破时空局限性。金融交易涉及的所有社会阶层中的金融服务效率和质量，符合和谐准确发展这一原则是形成金融经济发展交易模式的关键，从而有效实现经济高质量发展。具体表现为：

第一，在数字技术时代，创新是发展的动力，在高质量发展中居于中心位置，是促进我国经济和社会发展的一支重要力量。对于不同的经济组织而言，要实现以创新为主导的发展绝非易事。金融技术活动要求巨额的投入，以及长期的高收益回报周期，这涉及企业面临更大的资金筹集问题，中小微企业的发展也会受到同等限制。数字普惠金融在一定程度上解决了经济主体在各个层次上的金融困境，更深层次地激发企业数字技术创新潜力。一方面，在技术收集数据过程中，数字普惠金融依据海量数据识别分析技术可充分挖掘发展的特征，结合双方共同贷款现状，从而降低交易费用，提高金融机构的金融服务效能。而数字普惠金融则是基于其多样化的优势，将数字技术与资本融资渠道进行深度融合，改善投资者资金供应不稳定的现状，大大降低企业的融资成本，提升企业的融资技术创新能力。数字普惠金融不仅在企业融资方面有所建树，而且在融资方式等方面也大大促进了区域经济发展。

第二，从区域协调发展的观点出发，提出了以产业协作、城乡一体化为核心的城市协调发展理念。但是，在现阶段，我国的工业发展不平衡与产业结构矛盾仍然十分突出。金融系统的体制缺陷有两点：金融机构在未经严格的系统性审查的情况下，金融资源直接从平均绩效较低的部门过渡到平均绩效较高的部门；财政资源直接从农村流向城市，致使城乡区域发展差距进一步扩大。将长期财政资源集中于特定地区和部门，甚至集中于金融体系，这不但使我国经济发展更加不协调，而且还制约了整体的经济高质量发展。"普惠性""精准性"和"公平性"是数字普惠金融的基本特点，它能够促进经济的高效、公平发展，并能对脆弱的金融系统起到一定的促进作用，使其脱离"贫富属性"的行列。准确了解数字技术和金融领域的融资需要，以及在各个产业和地区之间进行投资，可以起到降低交易成本的作用。相对于传统普惠金融来说，数字普惠金融具有突破时空和地域局限的特性，从而提高数据的处理速度。通过改进数据处理技术，可以进一步增强金融市场的风险辨识能力，改善信息不对称的状况，减少金融市场的道德风险。突破普惠金融时空局限，充分发挥其功能，促进区域资源配置均衡、区域经济协调发展。

第三，绿色发展在推动经济高质量发展进程中，具有举足轻重的地位。要实现人类与自然和谐发展，就必须落实经济高质量发展这一政策。在习近平总书记的带领下，中国现阶段正在大力呼吁绿水青山就是金山银山，所以绿色发展是中国现阶段主要的发展目标。绿色发展将会贯穿至金融发展的各个环节，绿色发展是整个经济发展的总趋势，而高质量发展又是一个重大课题。绿色金融是通过不断完善金融体系的政策目标，达到改善环境、应对气候变化、对资源有效利用的金融活动。多年来，信息不对称和数据隔离阻碍了绿色金融的发展，一方面，普惠金融的数字化性质意味着它进行的所有金融交易都是虚拟化、电子化和数据化的，这使得数字普惠金融比传统金融交易更环保。另一方面金融发展逐渐发生内在化转变，数字化是一种金融创新的外部融资，通过数字资源、绿色金融资源等特征进行数字生态系统管理。在生产领域之间，实现环境优化治理和生态环境数据信息流通，从而形成金融资源配置和数字普惠金融的良性循环。

第四，对外开放是我国的一项基本政策。改革开放海外扩张，实现工业供应链的稳定性以促进改革开放稳定发展是维持经济一体化的关键。一国的贸易结构与其自身经济发展程度无关，而是取决于其经济发展相对于其他国家的比较优势。从数字普惠金融发展这个角度来看，一方面，数字经济发展的情况是基于金融技术生产出更全面、更准确、更优惠的金融产品，改善生产状况和提高市场运行效率同样也是经济发展的有效创新，数字技术在金融交易中的加持作用为企业在全球发展中更好地展现其价值链提供了技术支持。另一方面，通过调动金融资源、提供金融支持、优化和改善国家产业结构、提升企业产业链涉及范围、提高本国对外贸易比较优势等方式，扩大我国数字普惠金融在国际舞台上的影响力。此外，在成熟、安全、可靠的数字加密技术的基础上，利用支付速率监控技术，推动跨境交易和资金的跨国流通，为全球经济更深层次的发展提供了巨大的优势。

第五，实现人民对美好生活向往的目标，是实现经济高质量发展的基本任务。全体人民共享发展成就，是反映中国经济高质量发展程度的一项关键指标。应最大限度地体现普惠金融的普惠性，使得普惠金融服务得到数字化升级，普惠金融的服务范围得到大幅度扩张。第三方网络、贷款、收款和大数据等在金融服务创新发展过程中大量涌现，数字普惠金融服务为低收入群体提供了新的融资来源，最终可以使得低收入群体也能够享受美好生活，并将其发展成为分享经济红利的重要渠道。

第3章　河南数字普惠金融发展现状

3.1　河南数字普惠金融发展概况

3.1.1　河南数字普惠金融的总体状况

根据"北京大学数字普惠金融指数"统计，2011 年河南省数字普惠金融指数为 28.40，到 2020 年增长为 340.81，10 年间增长了 11 倍，呈现出跨越式的发展，如表 3-1 所示。

表 3-1　2011—2020 年河南省数字普惠金融指数

年份	总指数	覆盖广度	使用深度	数字化程度
2011	28.40	13.54	38.11	59.81
2012	83.68	61.93	98.07	129.37
2013	142.08	105.06	155.23	240.42
2014	166.65	157.52	132.24	259.31
2015	205.34	181.50	151.05	382.73
2016	223.12	200.65	199.22	340.80
2017	266.92	241.45	279.56	328.09
2018	295.76	278.46	275.74	389.27
2019	322.12	309.34	301.85	401.16
2020	340.81	331.16	321.21	408.32

另外，通过计算河南省数字普惠金融总指数的增长速度可以发现，2012 年的增长速率较高，为 1.95%。到了 2013 年出现了急剧下降，降低至 0.70%。可以认为在数字普惠金融的早期发展过程中，其发展水平提高的主要动力是用户群体的扩大，覆盖面的扩

展，而使用数字普惠金融人群的规模具有一定界限，不能成为长期
"动力源"。2014—2020 年，河南省数字普惠金融总指数的增长速
度趋于稳定，虽有整体下降的趋势，但仍保持正值，处于缓慢增长
的状态，说明河南省的数字普惠金融处于稳定发展阶段，并开始转
向常态化增长发展。

　　从河南省数字普惠金融的 3 个维度来看，2011 年河南省数字
普惠金融的覆盖广度低于使用深度，只相当于使用深度的三分之
一，且二者都低于数字化程度，在 2011—2015 年间，覆盖广度和
使用深度均快速提高，在 2016 年基本达到了同一水平，2017 年之
后增速放缓，而数字化程度在 2015 年有较大的提升后，随之几年
有所回落。如图 3－1 所示。

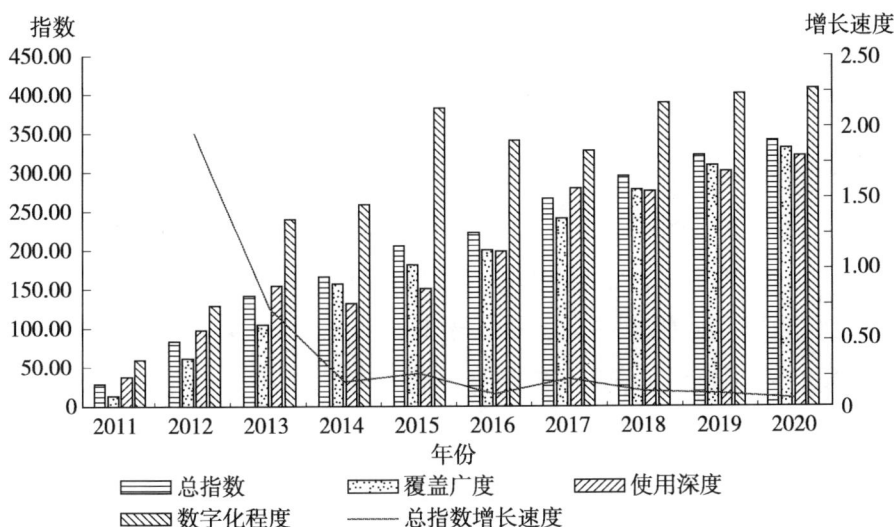

图 3－1　2011—2020 年河南省数字普惠金融指数及增长速度

　　从图 3－1 中可以看出，2020 年河南省数字普惠金融覆盖广度
和使用深度大体相同，略低于数字化程度，三者的增长速度分别为
7.05％、6.41％和 1.78％，数字化程度增速较低。表明用户人数
和使用深度仍是河南省数字普惠金融发展水平提高的主要力量，但

居民人数具有一定的限制，依靠增加用户人数提高数字普惠金融水平不能带来持久的发展。

3.1.2 河南省数字普惠金融的地域差异

河南省面积广阔，且有黄河贯穿而过，纬度跨度较大，各市之间的自然资源有较大的差异。随着数字技术的快速发展，普惠金融的不断延伸，数字普惠金融的发展速度也在加快，河南省各市数字普惠金融的发展水平表现出了地域差异问题。纵观"北京大学数字普惠金融指数"2011—2020 年中河南省各市的具体数据，在这十年间，郑州市数字普惠金融指数稳居河南省各地市的首位，紧随其后的是洛阳市，略低于郑州市，但一直高于其他地市，是河南省数字普惠金融发展较快的代表地区。

从河南省的地市分布可发现，郑州市位于河南省的中心位置，多个地市毗邻郑州市，如洛阳市、焦作市、开封市等，这些地市的数字普惠金融指数处于河南省的中等水平。而距离郑州市较远的地市例如信阳市、南阳市等地市的数字普惠金融指数不高，周口市和驻马店市的数字普惠金融指数一直处于末尾，因其地理位置受限，数字普惠金融发展水平长期落后于其他地市。河南省数字普惠金融的发展状况呈现出以郑州市为中心的中部地区高，其他地区相差无几的整体态势，郑州市的省会城市作用明显，是数字普惠金融发展的主要地区。

郑州市、洛阳市、开封市、许昌市的各个指标均大于河南省的平均水平，从地理位置不难发现，发展较好的开封市、洛阳市和许昌市均在郑州市的南部，与郑州市毗邻，这进一步明确了郑州市在河南省经济金融发展中的领先地位；同样接邻郑州市，位于郑州市北部的焦作市和新乡市，有着较好的数字普惠金融发展水平，总指数在省平均水平之上，子维度指标至少有 2 个高于省平均水平，其

他地市的指标虽略低于焦作市，但相差不大；总指数低于省平均水
平的地市，如周口市、南阳市等，虽然数字普惠金融的整体发展水
平较低，但大部分拥有 1 个较高水平的子维度指数，说明这些地区
数字普惠金融的发展尚不完善，还有较大的扩展空间。总的来说，
河南省数字普惠金融的发展呈现出以郑州市为中心，与郑州市接
邻的地市发展水平较高，最外围地市发展水平较低，即中间高，
外圈低的态势。聚焦同一年份的数字普惠金融指数，可以更清晰
地看出河南省各地市之间的差异程度。根据 2020 年河南省各地
市的数字普惠金融总指数及子维度的指数，可以发现各地市之间
的差别。郑州市数字普惠金融总指数及 3 个子维度指数均高于其
他地市，形成中心省会城市带动周边地市共同发展的局面，如表
3-2 所示。

表 3-2　2020 年河南省各地级市数字普惠金融及子维度指数

地市	总指数	覆盖广度	使用深度	数字化程度
郑州	300.47*	313.36*	269.53*	314.14*
洛阳	270.51*	271.20*	247.14*	310.74*
开封	260.02*	260.08*	233.62	307.79*
新乡	259.31*	258.63*	237.27	301.60*
焦作	263.99*	263.35*	244.79*	301.02
许昌	261.81*	261.71*	238.39	304.71*(**)
漯河	259.11*	252.77**	249.57*	297.42
平顶山	252.09	246.23	233.26	305.65*
安阳	252.00	252.44	222.15	304.80*
鹤壁	255.16**	256.04*	237.33**	284.69
濮阳	251.03	249.43	232.54	289.89
三门峡	259.39*	259.19*	237.53	299.78
南阳	252.33	243.18	238.78	307.15*

（续）

地市	总指数	覆盖广度	使用深度	数字化程度
驻马店	246.8	236.27	231.55	309.31*
商丘	246.77	242.21	230.17	292.05
周口	239.63	230.35	228.6	290.31
信阳	253.94	238.43	253.93*	305.16*
河南省平均值	257.9	254.99	239.19	301.54
河南省中位值	255.16	252.77	237.33	304.71

注：＊表示该市的数值大于同指标下的河南省平均值，＊＊表示该市的数值为 17 个地级市数据的中位值。

3.1.3 河南省数字普惠金融的特色区域

2015 年 12 月 31 日，国务院印发《推进普惠金融发展规划（2016—2020 年）》，其中提出了设立普惠金融发展试点进行革新的想法。2016 年，我国首个普惠金融试验区在河南省兰考县落地。在推广普惠金融的过程中，兰考县强化了数据的运用，通过收集 1.3 亿条数据信息，尝试开发数字信贷的潜力，把握住了数字技术和普惠金融结合的发展机遇，努力推进金融服务、金融产品和数字信息技术的深度融合发展。

2016 年，中国人民银行郑州中心支行开发了名为"普惠金融一网通"的微信公众号，并打造"普惠通"应用软件，创新性的构建了兰考"一平台四体系"的普惠金融模式，这是数字技术和普惠金融结合的良好开端，而且能够针对普惠金融在县域地区开展过程中遇到的成本高、效率低下、风险控制难等问题提供新的解决方法，随后数字普惠金融综合服务平台在河南省范围内开始传播推广。同样作为河南省普惠金融试点县的确山县，在学习了兰考县的"一平台四体系"模式的基础上，进行了积极研究，通过建立整合大数据、"云管理"和"普惠通"应用软件这 3 个系统，形成了有自身特色的"一体两翼"的数字普惠金融架构体系。到 2021 年 8 月，确山县现有的 9 家银行，共计 73 个贷款产品已经全部实现了线上的运作经营，建立的 202 个普惠金融服务站也已经实现了线上的运营管理。2017 年，全国首个数字普惠金融试点县落地河南省，南阳市的内乡县与网商银行达成合作，更进一步推动了河南省县域地区的数字普惠金融的发展，提高了相关发展水平。

2018 年，兰考县积极响应国家的政策，成立了兰考数字普惠金融小镇，截至 2021 年，众多知名大集团已入驻兰考，如富士康、蚂蚁金服等。兰考县与网商银行合作建立了通过大数据进行风险控制的运行模式，以此开发出了县里第一个以县域政府事务数据作为支持的数字金融产品。与此同时县政府积极推行数字农贷，激发了各个金融机构在数字化信贷方面创新金融产品的积极性，比如建设银行、农业银行、工商银行、农商银行等银行的互联网金融产品持续推陈出新，强有力地提升了数字普惠金融在县域地区的实践成果。

2021 年，兰考县、内乡县等数字普惠金融试点县的成效显著，试验区的示范效应显现，农业与金融科技结合这一模式被全国范围内的县域政府认可，目前已有超出 900 个县区与网商银行合作。不仅如此，河南省还成为第一个政府融资担保机构联合互联网银行发放助微减息券的省份，该模式已在全国 15 个省份内被借鉴复制，效果显著。河南省对金融科学技术的开放态度、积极引进创新的举措、不断成功的数字普惠金融试验区，不仅给越来越多的农户提供了方便，带去了普惠金融所增加的红利，更促进了数字信息和普惠金融的深度融合，推进了数字普惠金融在县域地区的发展，提高了河南省县域地区的数字普惠金融发展水平。

3.2 河南数字普惠金融指数分析

3.2.1 河南数字普惠金融指数测度

数字普惠金融指标包括数字金融覆盖广度、使用深度、数字化程度 3 个维度，数字普惠金融指标测算具体步骤如下：

第一，在选择特定指标后，对各指标相应变量进行无量纲化处理。由于这一指标评价体系与一套综合评价指标体系相匹配，因此需要对其进行对数化处理，从而构建数字普惠金融指标结构模型及判定矩阵。各指标数据进行无量纲化处理：

$$d = \frac{\log x - \log x^t}{\log x^h - \log x^t} \times 100 \qquad (3-1)$$

公式（3-1）中，d 为指标评价值，x 为指标值，x^h 为指标值的上限值，x^t 为指标值的下限值。

构造判定矩阵为：

$$\boldsymbol{C}_{ij} = \begin{pmatrix} c_{11} & c_{12} & \cdots & c_{1n} \\ c_{21} & c_{22} & \cdots & c_{2n} \\ \vdots & \vdots & & \vdots \\ c_{n1} & c_{n2} & \cdots & c_{nn} \end{pmatrix} \qquad (3-2)$$

公式（3-2）中，$\boldsymbol{C}_{ij}$ 为指标权重值，$i=1$，2，$\cdots$，n，$j=1$，2，$\cdots$，n，n 为判定矩阵的维数。

第二，计算判定矩阵特征向量和最大特征值：

$$\boldsymbol{CW} = \boldsymbol{W} \times \lambda_{\max} \qquad (3-3)$$

公式（3-3）中，$\boldsymbol{W}$ 为矩阵 $\boldsymbol{C}$ 的特征向量，$\lambda_{\max}$ 为矩阵 $\boldsymbol{C}$ 的最大特征值。

第三，通过对判定矩阵进行一致性检验，从而得出 n 阶判定矩阵的一致性指数 CI，其表达式为：

$$CI = \frac{\lambda_{\max} - n}{n - 1} \qquad (3-4)$$

第四，求取平均随机一致性指数 RI，k 为 1 000 个随机正、负矩阵中最大特征值的平均数，其表达式为：

$$RI = \frac{k - n}{n - 1} \qquad (3-5)$$

第五，通过比较两公式计算出的比值，得出一致比率 CR，以确定其结果是否与一致性原则相符，其表达式为：

$$CR = \frac{CI}{RI} \qquad (3-6)$$

第六，对向量矩阵进行求权处理。同时，对通过一致性检验的判定矩阵进行分类，并对它们的特征向量进行规范化处理，得出各指标在总指标中所占的比重。在对相关指标采用层次分析法分析的基础上，运用系统变异系数法求取 33 个二级维度相对于上一阶维度的权重，求出各指标的变异系数：

$$CV_i = \frac{S_i}{x_i}, \ i = 1, 2, 3, \cdots, n, \qquad (3-7)$$

公式（3-7）中的分子表示各指标的标准差，分母则表示各指标的平均值。

第七，在对各二级指标进行变异系数计算后，采用矩阵形式对各指标进行单位标准化处理，并用公式（3-8）求出各指标权重。

$$Q_i = \frac{CV_i}{\sum\limits_{i=1}^{n} CV_i}, \ i = 1, 2, 3, \cdots, n, \qquad (3-8)$$

第八，通过计算各层级所对应的下级层级权重后，采用公式（3-9）进行加权平均数处理，并对各指标进行综合运算，得出河南省各市年度综合指数：

$$D = \sum_{i=1}^{n} w_i \, d_i \qquad (3-9)$$

公式（3-9）中，D 代表综合指数，d_i 是各一级指标或次级指标的指数评分，各单位标准化后的权重用 w_i 表示。

本书选取的解释变量为河南省 2011—2020 年数字普惠金融指数，测度结果如表 3-3 所示。

表 3-3　河南省数字普惠金融指数测度结果

地区	2011年	2012年	2013年	2014年	2015年	2016年	2017年	2018年	2019年	2020年	均值
郑州	71.76	112.97	155.24	169.29	202.20	228.16	261.14	272.83	288.59	300.47	206.26
开封	36.99	76.65	117.88	133.34	162.87	184.52	218.70	232.09	248.13	260.02	167.12
洛阳	56.86	91.00	132.81	151.29	178.11	198.03	230.11	247.82	260.38	270.51	181.69
平顶山	38.13	80.63	116.55	134.45	164.43	195.32	218.59	227.97	240.59	252.09	166.88
安阳	45.12	80.27	122.13	132.53	161.75	188.34	215.02	226.37	240.34	252.00	166.39
鹤壁	46.74	80.73	122.52	136.79	161.54	188.31	215.44	225.57	239.75	255.16	167.26
新乡	47.71	86.22	122.04	138.23	167.91	193.08	221.85	234.94	248.88	259.31	172.02
焦作	53.29	89.73	127.04	143.35	197.53	196.02	225.74	240.94	253.46	263.99	176.49
濮阳	40.79	82.62	119.82	134.18	160.54	187.81	213.51	224.60	239.19	251.03	165.41
许昌	43.14	80.97	122.54	145.19	169.28	200.46	227.09	236.81	251.20	261.81	172.93
漯河	42.56	80.21	130.57	134.09	165.02	189.44	219.40	236.67	248.99	259.11	170.61
三门峡	52.02	88.24	120.44	158.11	171.78	196.91	224.94	237.13	249.40	259.39	175.83
南阳	37.35	77.75	115.41	131.61	158.02	185.86	213.86	222.50	238.98	252.33	163.37
商丘	35.38	71.95	110.23	121.59	154.00	183.61	209.73	221.47	233.74	246.77	158.85
信阳	43.19	79.17	119.85	139.50	161.77	189.06	216.80	228.23	242.06	253.94	167.36
周口	23.88	63.75	106.08	119.52	149.17	176.35	201.09	212.52	225.38	239.63	151.74
驻马店	33.27	70.79	105.17	125.19	154.13	180.58	206.96	217.62	231.28	246.80	157.17

从河南省数字普惠金融指数均值来看，郑州市作为河南省普惠金融发展水平最佳的城市，其数字普惠金融指数年平均达到 206.26；洛阳市居于第二，其数字普惠金融发展指数已突破 180；普惠金融发展指数垫底的城市数值低于 160。河南省数字普惠金融指数均值如图 3-2 所示。

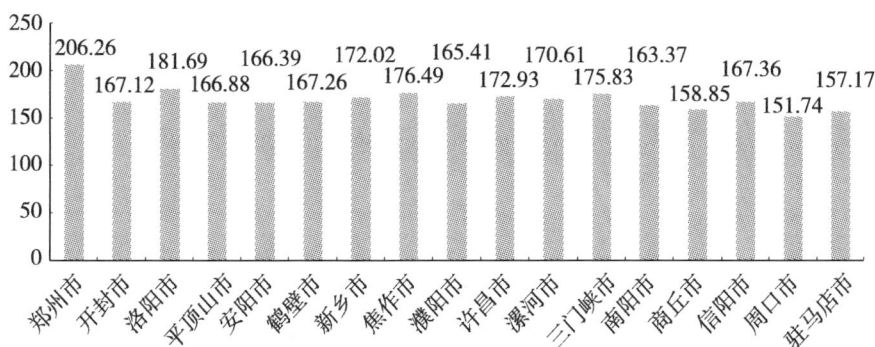

图 3-2　2011—2020 年河南省数字普惠金融指数均值

就河南省数字普惠金融指数增幅而言，郑州市仍位于河南省首位，表明郑州市数字普惠金融发展速度为河南省最快，10 年内累计增长 228.71。周口市数字普惠金融发展指数虽位居河南省末位，但其数字普惠金融指数增幅却位居河南省第五，可见其近些年发展势头强劲。安阳市增幅为河南省最低，仅有 206.88，这也表明河南省数字普惠金融发展出现区域间不平衡的现象。河南省数字普惠金融指数增幅如图 3-3 所示。

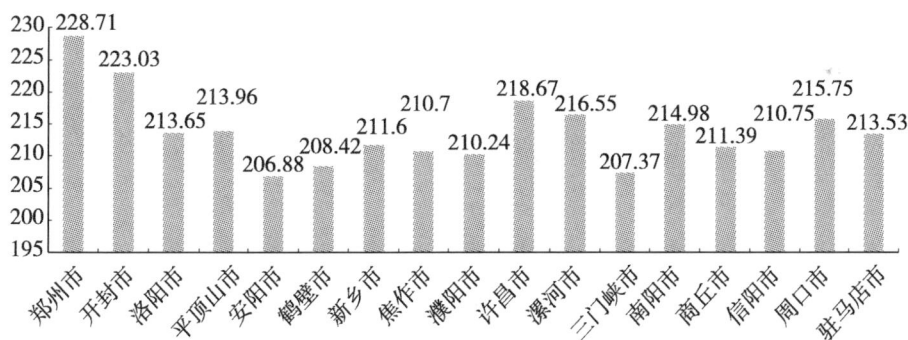

图 3-3　河南省数字普惠金融指数增幅

3.2.2　河南省数字普惠金融指数纵向对比

2011—2020 年河南省数字普惠金融总指数、分指数如表 3-1

所示。2011—2020 年河南省普惠金融指数呈逐年上升态势，从 2011 年的 28.4 增长至 2020 年的 340.81，其指数发展水平在近些年增长 12 倍。河南数字普惠金融指数及分指数平均值、中位值如图 3-4 所示。

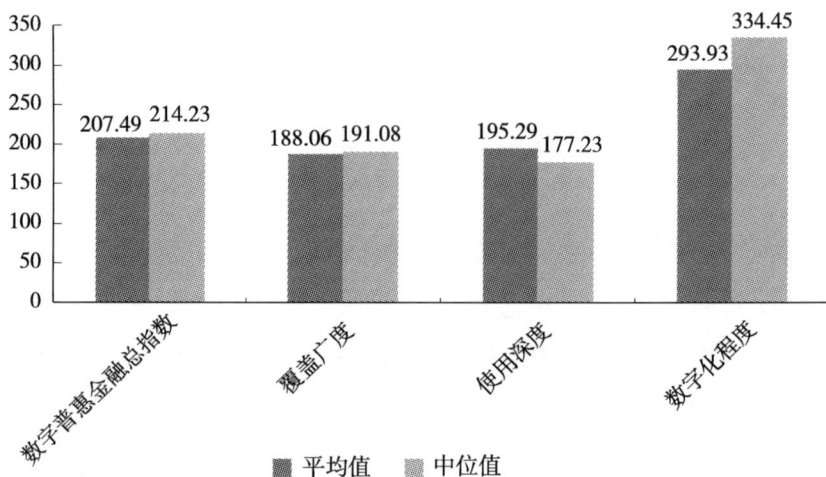

图 3-4 河南省数字普惠金融指数及分指数平均值和中位值

河南省数字普惠金融发展水平呈逐年递增态势，其中数字普惠金融指数平均水平已超出 200，数字化程度指数平均值已接近 300；河南省数字普惠金融发展总指数的中位值已突破了 2015 年的数值，达到 214.23，数字化程度这一分指标同样为各一级指标中最高水平，数值为 334.45，由此可以看出，2011—2020 年，河南省数字普惠金融业务正呈现出跨越式发展的态势。河南数字普惠金融指数及分指数增长状况，如图 3-5 所示。

图 3-5 就三个维度方面与总指数进行了对比，2011—2020 年，普惠金融数字化程度指标以最高速率增长，普惠金融覆盖广度指标增长速度则保持在中间地位，但其增长状况相较于数字普惠金融指数来说涨幅较小，增长最为缓慢的指标是普惠金融使用深度指标。从河南省数字普惠金融整体增长趋势上来说，数字化程度这一分指

标自然成为推动河南省数字普惠金融总指数逐年上涨的重要驱动力。

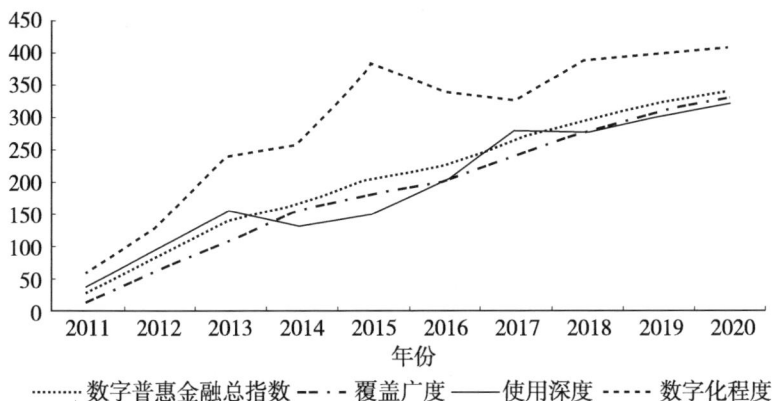

图 3-5　河南省数字普惠金融指数及分指数增长状况

3.2.3　河南省数字普惠金融指数横向对比

在河南省各市数字普惠金融指数中，除郑州市的数字普惠金融发展程度比较高，周口市的发展程度比较低，河南省其他城市的数字普惠金融指数基本持平。为直观显示河南省各市数字普惠金融发展水平差异，从而进行准确性分析，现对河南省数字普惠金融总指数和分指数进行排名。2011—2020 年河南各市平均数字普惠金融总指数及分指数排名，如表 3-4 所示。

表 3-4　2011—2020 年河南省各市平均数字普惠金融总指数及分指数排名

地区	数字普惠金融总指数排名	覆盖广度排名	使用深度排名	数字化程度排名
郑州市	1	1	1	4
开封市	10	10	12	9
洛阳市	2	2	3	12
平顶山市	11	11	13	10
安阳市	12	7	17	5
鹤壁市	9	8	7	17

（续）

地区	数字普惠金融 总指数排名	覆盖广度 排名	使用深度 排名	数字化程度 排名
新乡市	6	5	9	11
焦作市	3	3	8	8
濮阳市	13	12	11	14
许昌市	5	6	5	7
漯河市	7	9	4	13
三门峡市	4	4	10	1
南阳市	14	14	6	3
商丘市	15	15	15	15
信阳市	8	13	2	2
周口市	17	17	16	16
驻马店市	16	16	14	6

表3-5显示，河南省数字普惠金融发展程度较高的城市为郑州市、洛阳市。郑州市作为河南省会，在2020年城市商业经济魅力排名中居于新一线地位，从枢纽城市转变为综合性区域中心城市。郑州市是中原城市群的中心，对其周边区域的众多人才、金融机构产生了极大的吸引力，而且，此地人民对于新事物的接纳能力也很强，对支付宝、微信等移动支付业务有着较高的接受度、判断力。同时，郑州市作为推动中部地区崛起的重要力量，再加上对航空港的建设等金融需求不断增长，将会促进河南省经济持续稳健发展。因此，郑州市在数字普惠金融的覆盖广度、使用深度和数字化程度三维度上都具有较高的发展优势。与此同时，伴随着金融模式的不断优化，数字普惠金融的发展是一个不断提升的过程。洛阳市数字普惠金融发展综合指数在河南省位列第二，是因为历史上朝代古都变迁，使洛阳市具有"千年古都"之称，由此洛阳市旅游业得到极大的发展，其经济发展状况与郑州市相差无几，经济实力在河

南省数一数二。此外，洛阳市还拥有大量金融资源，该市设立了大量的便民服务点，以保证充足的金融供给，同时居民使用手机银行、网上银行等移动终端来进行金融业务服务逐渐普及，从某种意义上来说，普惠金融的覆盖面和渗透力都得到极大提高。

河南省驻马店市、周口市数字普惠金融发展水平较低，河南省这两个城市在金融服务覆盖广度和使用深度上发展水平都比较低。驻马店市是全国公认的粮食生产基地，但是，由于当地政府对其金融基础设施建设投入不足，对居民指导力度不够，限制了数字普惠金融发挥其应有的作用，未能使此地数字普惠金融政策深入落实，驻马店市须充分发挥其自身农业优势，将农业发展与数字普惠金融政策相结合，更好地为全市人民谋福利。周口市是一个人口众多、人均 GDP（地区生产总值）连续多年在河南省垫底的城市，与驻马店市情况类似，数字普惠金融覆盖广度、使用深度、数字化程度等方面都存在较大的局限性。如要改善现状，提升周口市数字普惠金融发展水平，需要政府和居民的共同努力。

河南省大部分城市在三个维度上数字普惠金融发展不平衡。尽管漯河市、南阳市和信阳市的数字普惠金融使用深度具有很高水平，但是其金融覆盖广度却处于较低水平，显示出其不足之处。在区域内增设配套的基础设施，能够有效地推动地区经济协调发展。而新乡市、焦作市、三门峡市等地则与之相反，尽管它们已经投入并建设了相关金融服务与金融设施，但却未能够真正地调动起市民对金融市场的热情。数字普惠金融并非一句口号，而是要深切落实。倘若要提升数字普惠金融服务在河南省经济发展过程中的效率，要从提高居民的金融素质着手。河南省各市数字普惠金融覆盖广度、使用深度、数字化程度发展程度不均衡现象影响了河南省市域间经济均衡发展，故今后要加强河南省各市域间经济协调均衡发展，以此推动数字普惠金融有效发展。

3.3 河南数字普惠金融的特征

3.3.1 数字普惠金融指数呈现上升趋势

第一，全省数字普惠金融指数递增。根据河南数字普惠金融指数测度的结果，从 2011 年的 28.40 到 2020 年的 340.81，10 年增长了 10 多倍，这说明数字普惠金融在河南省的发展效果显著。这不仅得益于金融科技的发展，而且得益于政府发布多条利好政策，扶持数字普惠金融平台开展业务、大胆创新，提高了在河南省数字普惠金融的覆盖广度和使用深度。河南省数字普惠金融总指数的变化趋势如图 3-6 所示。

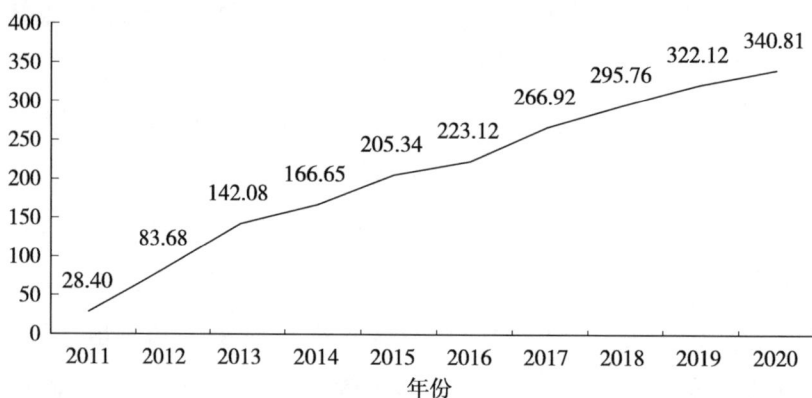

图 3-6　河南省数字普惠金融指数

河南省 17 个地级市的数字普惠金融指数都呈现出逐年递增的趋势，与此同时也存在一定的地区差异性。2011 年到 2020 年经过 10 年的发展，增长率最快的是周口市，达到 903.47%，然后就是驻马店市、开封市、商丘市和南阳市，其增长率分别达到 641.82%、602.94%、597.49%、575.57%，增长相对比较缓慢的是郑州市、洛阳市和焦作市，其增长率分别为 318.71%、375.75%、395.39%，数字普惠金融增长趋势迅猛的城市，其数字普惠金融指数相对比较小，数字普惠金融指数排名比较靠前的城市，其增长率相对比较缓慢（表 3 - 3）。

第二，数字普惠金融三个维度均上升。覆盖广度、使用深度、数字化程度都呈现出明显的上升趋势。覆盖广度一直处于稳定的增长趋势，说明河南省农村基础设施的建设正在稳步推进；使用深度的增长趋势很明显，但出现一些小的波动，这说明数字普惠金融在河南省渗透的过程中，会出现一些抑制其发展的因素，通过不断地改进和完善，仍然在进一步深化。数字化程度增长趋势在 2011—2015 年相对迅猛，尤其是在 2014—2015 年间，数字化进程进一步加快，在 2015 年之后，数字化程度增长趋势有所下降，但总体仍呈增长趋势（图 3 - 5）。

第三，各城市数字普惠金融指数均递增。基于河南省各城市 2011—2020 年的数字普惠金融指数，将河南省 17 个地级市的数字普惠金融发展水平划分为三个梯队，并对各城市的数字普惠金融发展情况进行分析。其中，河南省数字普惠金融第一梯队为数字普惠金融指数排在前五位的城市分别是郑州市、洛阳市、焦作市、许昌市和开封市。河南省数字普惠金融第一梯队的数字普惠金融指数发展趋势如图 3 - 7 所示。

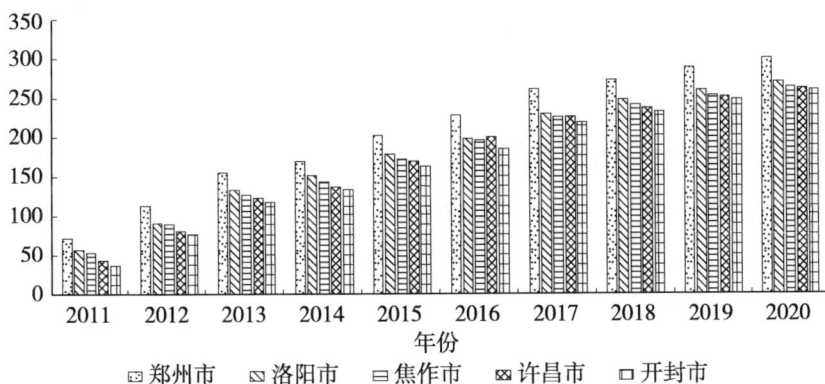

图 3 - 7　河南省第一梯队数字普惠金融指数

第一梯队 5 个城市的数字普惠金融指数的年增长率虽然不高，但是一直领先于其他城市，特别是郑州市，其增长率是 17 个市区中最低的，但是郑州市的数字普惠金融指数一直都排在第一位，而且与第二名之间有明显的差距，因为郑州市是省会城市，具有得天独厚的地理优势，还有政府资源的倾斜，以及在交通、人才引进等利好政策的加持下，其经济得以迅速发展，郑州市数字普惠金融的发展，与其他城市相比有着绝对的优势。洛阳、焦作、许昌和开封的数字普惠金融指数差异不明显，洛阳市和焦作市不仅有旅游业的支持，其重工业的发展势头也很不错，而且焦作市智慧金融平台的打造对数字普惠金融的推进起到了很好的助推作用；许昌市的工业和电商服务发展得比较好；开封主要依靠农业和旅游业的发展，其中兰考县国家级数字普惠金融试点的推进，对开封市以及整个河南省数字普惠金融的发展留下浓重的一笔，非常具有参考性。这四个城市都是郑州的周边城市，交通和资源也相对受益，与郑州形成经济圈，建立了良好的互动关系，二产和三产的发展相对较好，其发展过程中对金融服务的需求也不断变化，从而促进了数字普惠金融的发展。

河南省数字普惠金融第二梯队的 6 个城市分别是三门峡市、新乡市、漯河市、鹤壁市、信阳市和南阳市。其数字普惠金融指数发展趋势如图 3-8 所示。

河南省数字普惠金融第二梯队中的三门峡市位于河南省、陕西省和山西省的交会处，第二产业发展比较好，能源、铝工业、黄金、煤化工及林果加工是其支柱产业，资源丰富，且地理位置非常好，被誉为"黄河金三角"；近几年随着数字普惠金融在河南的发展，三门峡市也积极参与，致力于数字普惠金融服务平台的打造，但在当地的融合还不是很完全，需要时间的过渡。新乡市的第一产业和第二产业发展较好，新乡市不仅是重要的商品粮基地、优质小

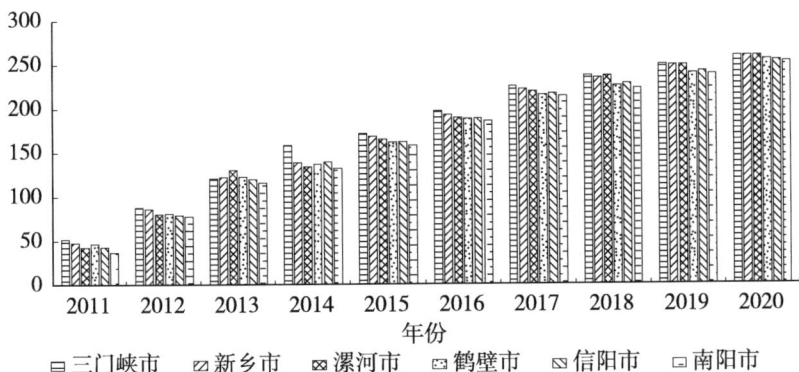

图 3-8　河南省第二梯队数字普惠金融指数

麦生产基地，也是很重要的工业基地。漯河市以第二产业为主，包括食品加工、造纸及化工业。鹤壁市是重要的煤炭基地，近几年，鹤壁致力于数字经济转型升级，从"煤城"向"绿城"过渡。信阳市第一产业稳定，农业优势明显，茶叶全国闻名，但第二产业的结构单一；信阳市被评为全国十佳"宜居城市"，其地理位置非常好，位于豫鄂皖三省的交界处，数字经济的发展与旅游产业的结合促进了当地的经济发展。南阳市第一产业占比较大，其产业化较为薄弱，目前也在进行数字经济的推进，积极转型。数字普惠金融第二梯队的这 6 个城市，都在致力于产业融合和产业转型升级，近几年也都在积极推进数字普惠金融的发展，试点推行金融服务平台，让金融服务逐步推行到乡村当中，虽然目前成效不是很显著，但是可以看出数字普惠金融向着好的趋势发展。从数字普惠金融指数的变化趋势可以看出，6 个城市的数字普惠金融水平虽然有一定的地区差异性，但总的来说还是很接近的，逐步在向更高水平迈进，发展前景较好。

　　河南省数字普惠金融第三梯队的 6 个城市分别是平顶山市、安阳市、濮阳市、驻马店市、商丘市和周口市。第三梯队数字普惠金融指数发展趋势如图 3-9 所示。

　　平顶山市资源丰富，工业基础非常好，随着郑渝高铁的修建，

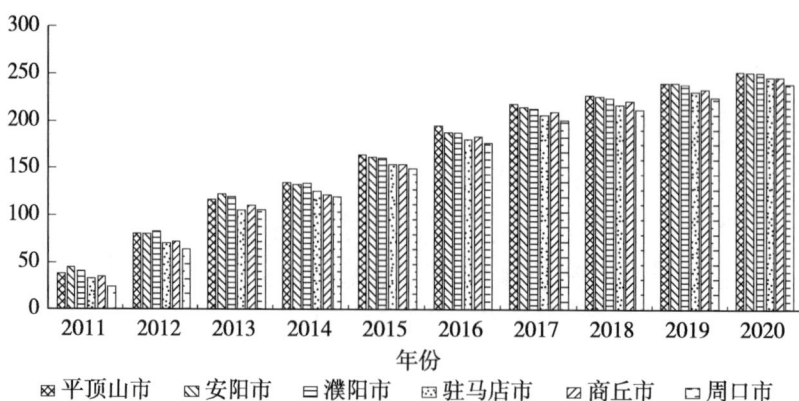

图 3-9　河南省第三梯队数字普惠金融指数

促进了平顶山市物流升级，在数字普惠金融的推进下，平顶山市更能加快产业转型升级。周口市的发展主要依靠农业和制造业，其数字普惠金融的基础较薄弱，不过后期发展速度迅猛，虽然其数字普惠金融指数仍是垫底，但到 2020 年，它与其他城市之间的差距非常小，其发展前景较好。这 6 个城市差异较小，数字普惠金融的发展趋势也很相近，相信在经济不断发展的过程中，数字普惠金融的融入会促进金融服务更上一层楼。

3.3.2　供给主体不断优化

河南省互联网的快速发展，加快了数字普惠金融在河南省发展的进度，2020 年底，河南省的网民规模已经达到了 8 836.5 万人，手机网民规模在全省网民中的占比达到 99％，达到 8 748.1 万人的规模。2020 年河南省的手机上网流量已经达到了 95.1 亿千兆，排名全国第三。传统的普惠金融已加快向数字化、信息化转变，数字普惠金融供给主体不断优化。

第一，银行核心竞争力加强。银行是金融业务的核心，其业务种类繁多，体系相对比较完善，但是银行也受其庞大体系的制约，在新金融模式来临时不能迅速将金融科技融入整个庞大的银行体系当中，因为银行所涉及的资金利益关系非常复杂，一些政策的落实，需要通过层层关卡的考验，试点推行之后再更大范围地推广，在时间上会有滞后性。与此同时银行受到第三方支付平台和 P2P 网贷平台的冲击，第三方支付平台和 P2P 网贷平台都是轻资产行业，它们只是简单地充当一个中介服务的作用，业务简单、政策灵活，其很多服务已经先入为主。银行机构这几年也意识到了自己核心竞争力的不足，开始不断推出各种数字普惠金融服务，创新金融产品。第三方支付平台和 P2P 平台的发展倒逼银行改革，逐渐将数字普惠金融服务提上日程，而且银行有足够的资金、丰富的资源和信息网，潜力更大，银行数字普惠金融服务的推行已经日见成效。在提供贷款方面，数字普惠金融的重点服务对象是小微企业以及低收入群体，根据河南省银保监局统计数据，2014—2020 年河南省银行业务中的涉农贷款和小微企业贷款的增长趋势可以看出，河南省银行业顺应数字经济的发展所提供的数字普惠金融服务，与农村居民和小微企业的需求相贴合，如图 3 - 10 所示。

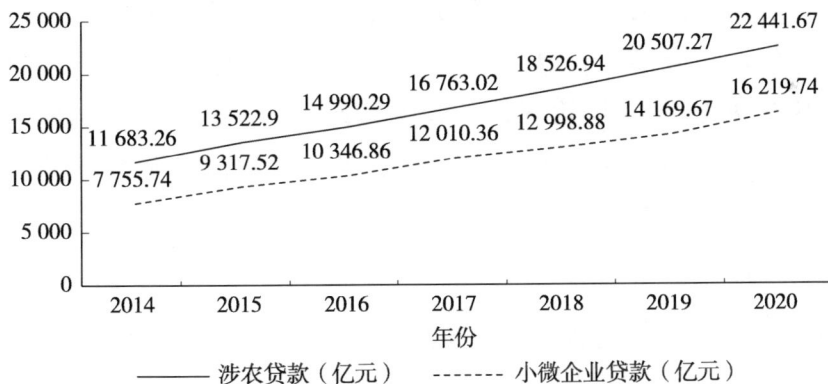

图 3 - 10　河南省银行涉农贷款及小微企业贷款

第二，第三方支付平台竞争力不断提升。河南省 2020 年网上支付用户规模已经达到 7 523.3 万人，其渗透率达到了 86%，相比 2019 年河南省网上支付用户规模增加了 309 万人。根据河南互联网发展报告，河南省网上支付用户规模如图 3-11 所示。

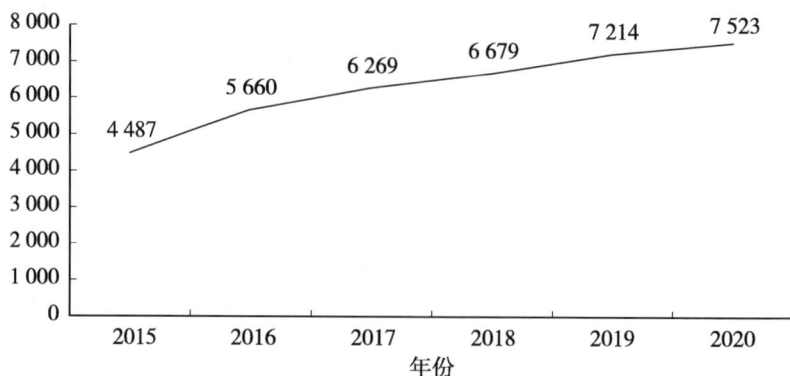

图 3-11　河南省网上支付用户规模（万人）

第三方支付平台给我们带来很大的便利，可以满足我们日常生活中的支付和转账需求，同时可以减少支付的成本，节约我们去银行网点存取现金的时间，还可以将交易流程简化，减少错误交易的可能性。第三方支付可追溯，如果在支付过程中出现错付现象，可以及时追回损失。第三方支付能起到很好的信息收集作用，对商户的营业额、居民的消费水平的分析更加全面具体。2020 年河南省网民支付使用微信的人数达到 6 840.1 万人，河南省居民对支付宝的使用从第 13 位跃居第 6 位，其中密码支付、指纹支付、刷脸支付的占比分别达到 76.4%、47.8%、32%，扫码支付和刷脸支付的覆盖率不断增多。数字普惠金融利用金融科技，不断贴合人们的需求，从而吸引广大居民，其发展倒逼银行业不断改革创新，形成良性竞争关系，互相促进更好发展。

第三，众筹空间比较大。众筹最大的特点就是其普惠性，门槛比较低，只要有好的创新想法，就可以进行融资，跟众筹者的身份、地位、经济能力都没有太大的关联。农民和农村小微企业在传统金融的发展过程中，因为受到金融排斥的门槛效应和非均衡效应的影响，经常受到资金短缺的阻碍。众筹可以帮助河南省的农业进一步发展,增加资金来源,吸收更多的创新想法服务三农。目前河南省的众筹发展还在探索阶段,还有很长的路要走,数字普惠金融模式会随着河南省发展需求的不断拓宽而逐步完善。

3.3.3 需求主体存在差异

第一,不同类型农户的金融需求不同。河南省的农户分为普通农户、种养大户和种粮大户。普通农户一般从事小规模的生产活动,通常情况下都能达到自给自足,遇到自然灾害等突发性风险来临时会出现资金短缺的情况,其对贷款的需求也都是小额度的,大部分普通农户会向亲戚朋友进行借款,做短时间的协调,最后才会考虑向银行等金融机构进行贷款。种养大户和种粮大户在河南省是有明确界定的,种田达到 50 亩以上的农户和养殖超过 50 头的才可称为种粮大户和种养大户。

近几年政府提倡精准扶贫,致力于三农发展,发布了很多优惠政策和补贴政策,例如种植和养殖的补贴、农机补贴,种粮大户的小麦免费参保等政策,调动了农民生产的积极性,从而增加了大规模的种植和养殖,种粮大户和种养大户对贷款的需求相比普通农户有很大增加,他们对农机、化肥、农药、土地租赁等方面的资金需求增加。农业的养殖周期和种植周期较长,其资金的流转速度较慢,再加上农户并没有什么固定资产可以抵押,所以传统的金融服务对其有一定的排斥性。数字普惠金融平台主要服务对象就是农村群体,但数字普惠金融也要不断地进行创新,根据不同阶段农户的不同需求,对其进行帮助。

第二,不同收入用户的金融需求不同。河南省 2020 年按收入分组的城镇家庭平均可支配收入构成如表 3 - 5 所示。

根据河南省城镇家庭平均可支配收入构成可以看出,高收入、中高收入、中等收入、中低收入、低收入家庭的工资性收入在其可支配收入中的占比依次为 51.64%、54.43%、59.70%、67.18%、65.32%，呈现出收入水平越低的家庭，其工资性收入占比越高。高收入家庭的经营性收入占可支配收入的 22.00%，而低收入家庭的经营性收入只占到 10.76%，高收入家庭的经营性收入效率高于低收入家庭。高收入家庭和低收入家庭转移性收入在家庭可支配收入中的占比分别为 17.63%、14.81%，由此可以看出城镇高收入家庭的资金利用效率比较高。

表 3-5　河南省 2020 年按收入分组的城镇家庭平均可支配收入构成

分组	工资性收入（元/年）	经营性收入（元/年）	财产净收入（元/年）	转移性收入（元/年）
城镇平均	21 104	5 671	3 329	7 236
高收入户	39 823	16 964	6 735	13 595
中高收入户	22 898	4 880	3 730	10 560
中等收入户	18 387	3 074	2 984	6 354
中低收入户	15 198	1 920	1 907	3 599
低收入户	9 216	1 518	1 287	2 089

数据来源：河南省统计年鉴。

农村家庭中高收入家庭的工资性收入在可支配收入中的比重要高于低收入家庭，其比例分别为 26.61%、25.94%，这与城镇表现出差异性，经营性收入占比和城镇表现的规律性一致，高收入家庭的资金利用率明显高于低收入家庭。由此可以看出城乡收入结构和收入水平呈现一定的差异性，他们对金融服务的需求有所差别。与此同时，城镇和农村中不同收入水平之间又展现出对金融服务需求的差异性，随着数字普惠金融和经济高质量的发展，居民对金融服务的需求展现出多层次、多种类的特点，对信贷业务，如保险、期货等理财产品的需求也逐渐增多，因此数字普惠金融平台在设计产品时，要注意需求主体的整体发展，从而设计出多样化、个性化的金融产品。河南省 2020 年按收入分组的农民家庭平均可支配收入构成如表 3-6 所示。

表 3-6　河南省 2020 年按收入分组的农民家庭平均可支配收入构成

分组	工资性收入 （元/年）	经营性收入 （元/年）	财产性收入 （元/年）	转移性收入 （元/年）
全省平均	6 509	8 673	277	4 975
高收入户	10 791	22 223	662	6 883
中高收入户	8 494	7 466	280	5 602
中等收入户	5 944	5 332	181	4 965
中等低收入户	4 662	4 267	127	4 067
低收入户	2 653	4 077	136	3 360

数据来源：河南省统计年鉴。

第4章　河南实体经济高质量发展现状

4.1　河南实体经济高质量发展概况

4.1.1　实体经济高质量发展速度加快

河南省实体经济高质量发展指数稳定增长，实体经济高质量发展指数从 2011 年的 0.42 增长至 2020 年的 0.69，增速高达 64.29%，这一数值表示河南省实体经济高质量发展指数增速已经超过全国实体经济高质量发展指数的平均增速水平。2011—2020 年河南省实体经济高质量发展指数水平如图 4-1 所示。

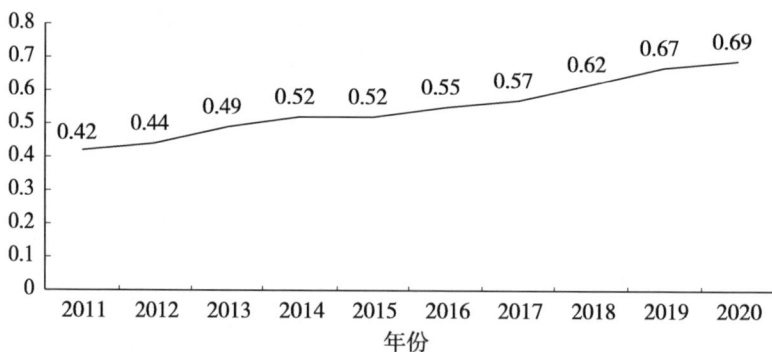

图 4-1　河南实体经济高质量发展指数变化趋势

4.1.2　互联网设施明显改善

河南省是我国互联网用户较多的省份之一，其基础网络正从 4G 向 5G 进行快速地跨越式转变。截至 2020 年 6 月，河南省共有 55.4 万个 5G 基站，5G 网络覆盖已超过 71 个县域。河南省电信网络用户的总人数为 6 724.8 万人，物联网终端用户数量已达 7 696.1 万人。《中国宽带速率状况报告》（2019 年）显示，河南省现有固定宽带数据下载速度为 36.33 兆/秒（全国平均水平 35.26 兆/秒），在国内排名第八。郑州市目前拥有 36.55 兆/秒的宽带下载速率，河南省各市 4G 网用户平均下载速度为 24.6 兆/秒。

4.1.3 数字化成为实体经济高质量发展新模式

河南省企业纷纷在计算机、数字技术方面投入大量资金，信息化的普及程度得到极大提升。《河南省第四次经济普查报告》显示，河南省企业中使用计算机的比例达到 99.9%，平均每百人拥有 17.1 部计算机，97.7% 的企业实行了不同程度的智能化管理。在互联网服务方面，99.4% 的公司使用服务宽带网络，64.5% 使用本地网络，41.2% 建立门户网站，每百家公司平均拥有 48 个网站数量。河南省企业进行广告推广时将数字网络作为其最主要的宣传渠道。河南省 89.3% 的互联网企业利用网络进行广告宣传，21.5% 的企业通过企业内部网站进行宣传，35.8% 的企业通过互联网进行宣传，20.9% 的企业通过社会网站或者社交即时通信工具进行广告宣传。河南省企业数字化水平得到极大提升，数字化逐步成为河南实体经济高质量发展的新模式。

4.1.4 实体经济高质量发展进入新阶段

河南省正在以"郑州智慧岛"为核心，来推动全省实体经济的高质量发展，并将"开封中关村科技核心区"作为开发数字技术的基地，进而延伸至许昌"泛在 5G 小镇"、濮阳智慧生态产业园、鹤壁生态 5G 产业园区、洛阳大数据产业园区等。这些产业园区构成了技术联络大网，形成了"核心节点领先"的发展模式。

河南省将经济高质量发展理念日益融入各产业的发展理念之

中，而且正在进行产业（涵盖制造业、农业、服务业等）的数字化深度改造。河南实体经济高质量发展体现在制造业中，可通过海量数据产业链进行产品的生产、研发和销售，生产技术将会不断提升，企业生产效率将会极大提高，运营成本将会大幅度降低，产品开发周期将会大大缩短。河南实体经济高质量发展体现在制造业中，农业高质量发展水平将会不断提升，农村电子商务将会进一步改善。

4.2 河南实体经济高质量发展指数分析

4.2.1 构建指标体系的依据

理论上，实体经济高质量发展既要确保供给的有效性，又要重视生态文明与整个社会的和谐发展。实践中，不仅要注意经济发展的现状，还应重视发展成果和发展潜能。从解决现实问题的角度出发，结合河南目前的经济发展理念，形成现阶段实体经济高质量发展的基本思路，即从五大方面总结河南省实体经济高质量发展的内涵：

第一，实体经济高质量发展，就要积极进行模式创新，不断提高经济效益。创新是发展之基，是促进实体经济发展的基本策略，也是促进实体经济发展的重要举措。创新包括文化创新、理论创新、科技创新、体制创新。在几十年的快速增长后，尽管技术革新和技术开发的效率得到了改善，但其主导因素仍存在一定的滞后影响，主要原因是投资增加和技术不足，因此，必须提高产品品质、加大投资力度、提升产品生产效率、转变技术创新和产业结构的发展方式。在构建经济高质量发展指标时，效率是实体经济高质量发展的主旋律。

第二，实现实体经济高质量发展，就要对国民经济进行调整和优化，实现经济协调发展。在实体经济高质量发展过程中，社会再生产需要在各个区域、行业中保持均衡稳健发展，并逐步扩大第二产业和第三产业在国民经济产业结构中的比重，进而推动城市化发展。然而，在过去的高速增长阶段，城乡结构、区域结构和二三产业结构之间的发展不平衡仍然存在，对于促进实体经济高质量发展来说，必然存在一定的消极影响。因此，要实现实体经济高质量发展这一目标，就需要更加重视推动城乡地区经济均衡发展，实现农业的工业化与信息化，实现农业与工业的统筹发展。

第三，实体经济高质量发展，也是人与自然和谐相处的绿色发展。河南面临着资源浪费、环境污染等问题，实体经济高质量发展，应建立在遵循国家资源节约与环境保护的基本方针之上，在实现可持续发展的前提下，要坚持正确的发展方向，实现人与自然的协调发展。

第四，实体经济高质量发展，是一种开放的发展进程。经济一体化深度融合，不仅是经济社会前进的大势所趋，而且是推进实体经济高质量发展的必然抉择。

第五，实体经济高质量发展，要以满足民众对美好生活的需求为目标。不断提高产品的质量，改善环境、优化结构、提高人民生活水平、提升经济高质量增长能力，是实现实体经济高质量发展的重要前提。

4.2.2　实体经济高质量发展指标体系的选择

从以上五大理念角度入手，依据科学性、全面性和数据可操作性等基本原则，建立河南省实体经济高质量发展五个层次的指标体系。

第一，创新发展层。创新水平包括研发能力、增长效率两个一级指标。研发能力包括：创新产出水平、创新投入和教育投入比例,并以每万人专利授权数、当地政府教育财政支出占 GDP 的比重,以及本市教育事业开支占该市 GDP 的比例表示;增长效率包括劳动生产率和资本生产率,这两个指标的计算方式为各市 GDP 数值占社会就业数量的比重和各市 GDP 数值占社会固定资产投资数额的比重。

第二,协调发展层。协调发展包括区域协调、需求协调、产业协调和运行业务协调四个一级指标。其中,区域协调包括城市化率和区域协调率,以本地城镇人口与总人口的比率和城市人均 GDP 最高值与最低值的比率来衡量;需求协调则是由居民消费率、投资率、住宅消费权重构成,即由各市居民消费总量与 GDP 之比、资本总额与 GDP 之比、居民住宅消费总额与社会消费总额的比值来反映;产业协调主要由一二产业协调程度与一三产业协调程度构成,以各市第一产业与第二产业产值之比、第一产业与第三产业产值之比进行度量;运行业务协调则包含经济波动率、失业率、通货膨胀率三个二级指标。衡量指标是由各市经济波动数值、城市失业率数值和居民住宅消费价格指数三者构成。

第三,绿色发展层。绿色发展分为两个一级指标:环境污染与环境治理。其中,环境污染由各市每单位产生的废水排放量和废气排放量组成,以各市每年区域废水净化处理成本与 GDP 的比值、各市每年区域废气净化处理费用与 GDP 的比值进行衡量;环境治理则是由生活污水处理率、生活垃圾无害化处理率两个二级指标构成。

第四,开放发展层。开放发展指标是由河南省开放程度作为一级指标。其包括两个二级指标:对外贸的依赖程度、对外资本的依赖度,二者的衡量方式分别是河南省各市进出口总额与 GDP 的比率、各市企业外商投资总额与 GDP 的比率。

第五,共享发展层。居民收入、公共服务两个一级指标是共享发展层的主要评价指标。其中，居民收入包含发展共享和区域共享两个二级指标，发展共享是用各市工资增长率与 GDP 增长率来度量的，区域共享是由河南省各市人均 GDP 与河南省人均 GDP 的比值来计算的；公共服务包括教育、卫生、通信和人员出行四个二级指标。采用每万名居民图书馆的藏书、每万名居民医院床位数、每万名居民国际互联网用户和人均公路里程数进行测度。根据河南省各市实际情况构建具体二级指标体系，如表 4-1 所示。

表 4-1　河南省实体经济高质量发展指标体系

维度	一级指标	二级指标	计算方式	指标正逆性
创新	研发能力	创新产出水平	各市每万人专利授权数	正指标
		创新投入	各市教育财政支出/各市 GDP 数值	正指标
		教育投入比例	各市教育事业开支/各市 GDP 数值	正指标
	增长效率	劳动生产率	各市 GDP 数值/各市社会就业数值	正指标
		资本生产率	各市 GDP 数值/各市社会固定资产投资数额	正指标
协调	区域协调	城市化率	各市城镇人口/各市总人口	正指标
		区域协调率	城市人均 GDP 的最高值与最低值比率	正指标
	需求协调	消费率	各市居民消费总量/各市 GDP 数值	正指标
		投资率	各市资本总额/各市 GDP 数值	正指标
		住宅消费权重	各市住宅消费总额/各市社会消费总额	正指标
	产业协调	一二产业协调程度	各市第一产业产值/各市第二产业产值	正指标
		一三产业协调程度	各市第一产业产值/各市第三产业产值	正指标
	运行业务协调	经济波动率	（当期价格－前期价格）/前期价格	负指标
		失业率	失业人数/（在业人数＋失业人数）	负指标
		通货膨胀率	各市居民住宅消费价格指数	负指标
绿色	环境污染	每单位生产的废水排放量	废水净化处理成本/各市 GDP 数值	负指标
		每单位生产的废气排放量	废气净化处理成本/各市 GDP 数值	负指标
	环境治理	生活污水处理率	经过处理生活用水/污水排放总量	正指标
		生活垃圾无害化处理率	经过处理生活垃圾/垃圾总量	正指标

（续）

维度	一级指标	二级指标	计算方式	指标正逆性
开放	开放程度	对外贸易的依赖程度	各市企业进出口总额/各市 GDP 数值	正指标
		对外资本的依赖程度	各市企业外商投资总额/各市 GDP 数值	正指标
共享	居民收入	发展共享	各市工资增长率/各市 GDP 增长率	正指标
		区域共享	各市人均 GDP/全省人均 GDP	正指标
	公共服务	教育	各市每万名居民图书馆藏书	正指标
		卫生	各市每万名居民医院床位数	正指标
		通信	各市每万名居民国际互联网用户	正指标
		人员出行	各市人均公路里程数	正指标

4.2.3　实体经济高质量发展指数测算

基于对客观赋权和主观赋权的指标评估法进行系统性对比，对经济高质量指标进行熵化处理。数据处理方式主要有熵权法、主成分分析法、层次分析法、因素分析法等。由于采用的分析方法不同，评估结果也不尽相同，所以在评价指标体系时，选取何种方法进行数据处理就显得非常关键。统一评价体系的变化将会对实体经济高质量发展产生动态影响。

这里以河南省实体经济高质量发展指标为被解释变量，采用固定基极差熵权法对其进行综合分析。固定基极差熵权法，是一种将熵权法与固定基极差法相结合的方法。构建指标的权重以熵权法进行计算，以固定基极差法为基础，使用极差标准化对各指标进行无量纲处理，进而，综合评估指标权重。一方面，熵权法在数据统计的基础上，对各个指标的权重进行计算，体现了不同指标在实体经济高质量发展中的作用，同时也显现出类似指标在不同阶段对实体经济高质量发展的影响。另一方面，以年为单位进行无量纲化处理，从一定程度上解决了传统标准化只在空间上具有可比性，在时间上没有可比性的问题，对于探索河南省实体经济高质量发展的时空走向有一定的参考价值。采用固定基极差熵权法计算河南省实体经济高质量发展指标具体步骤如下：

第一，对各个维度和单位指标进行综合对比，将异质指标转换为均质指标。一般的做法是对数据进行规范化处理：

正向指标：

$$\varphi_{ij} = \frac{x_{ij} - \min\{x_{1j}, \cdots, x_{nj}\}}{\max\{x_{1j}, \cdots, x_{nj}\} - \min\{x_{1j}, \cdots, x_{nj}\}} \qquad (4-1)$$

逆向指标：

$$\varphi_{ij} = \frac{\min\{x_{1j}, \cdots, x_{nj}\} - x_{ij}}{\max\{x_{1j}, \cdots, x_{nj}\} - \min\{x_{1j}, \cdots, x_{nj}\}} \qquad (4-2)$$

公式（4-1）、公式（4-2）中的 φ_{ij} 表示第 i 个样本量的第 j 个指标数据，x_{ij} 为样本指标的初始值，$\min(x_{ij})$ 为第 j 列指标数据的最小值，$\max(x_{ij})$ 为第 j 列指标数据的最大值。

适中指标：

$$x'_{ij} = |x_{ij} - T| \qquad (4-3)$$

上式中 T 是 x_{ij} 的适中指标数值，用上面公式（4-3）将适中指标转换成新的逆向指数，然后用公式（4-2）对适中指标进行规范化处理。

t 年第 j 个指标下第 i 个值所占的比重为：

$$p^t_{ij} = \frac{\varphi^t_{ij}}{\sum\limits_{i-1}^{n} \varphi^t_{ij}} \qquad (4-4)$$

第二，根据上面的结果，进行计算 t 年第 j 个指标的熵值：

$$e^t_j = \frac{1}{\ln m} \sum\limits_{i-1}^{m} p^t_{ij} \ln p^t_{ij}, \ 0 \leqslant e^t_j \leqslant 1 \qquad (4-5)$$

第三，接下来计算 t 年第 j 个指标的权重值：

$$w_j^t = \frac{1 - e_j^t}{\sum_{j-1}^{n} 1 - e_j^t} \qquad (4-6)$$

第四，采用定基极差法，对各个指标进行处理，确定样本的起始年份为基准年，如公式（4-7）所示：

$$X_j^t = \frac{x_j^t - x_{j,\min}^{20XX}}{x_{j,\max}^{20XX} - x_{j,\min}^{20XX}} \qquad (4-7)$$

在公式（4-7）中 x_j^t 及 X_j^t 分别表示 t 年第 j 个指标的最初始数据和使用定基极差法处理之后的无量纲指标数值，其中 $x_{j,\max}^{20xx}$ 以及 $x_{j,\min}^{20xx}$ 则分别代表基准年内河南省各市之间第 j 项指标的最高和最低值。

第五，得到最终的综合性评价指标指数：

$$S_j^t = \sum_{j=1}^{n} w_j^t X_j^t \qquad (4-8)$$

实体经济高质量发展指数权重计算结果，见表4-2所示。

表4-2　河南省实体经济高质量发展评价体系各指标权重

一级指标	二级指标	代表符号	权重
研发能力	专利申请授权数（＋）	APA	0.201
	创新投入（＋）	FSE	0.043
	教育投入比例（＋）	EC	0.024
增长效率	劳动生产率（＋）	LP	0.013
	资本生产率（＋）	CP	0.006
区域协调	城市化率（＋）	UR	0.015
	城乡消费协调率（＋）	URC	0.009
需求协调	消费率（＋）	CR	0.016
	投资率（＋）	IR	0.007
	住宅消费权重（＋）	RCW	0.051
产业协调	一二产业协调程度（＋）	PSIC	0.024
	一三产业协调程度（＋）	PTIC	0.045

（续）

一级指标	二级指标	代表符号	权重
运行业务协调	经济波动率（－）	EV	0.121
	失业率（－）	UR	0.046
	通货膨胀率（－）	IR	0.007
环境污染	每单位生产的废水排放量（－）	EGG	0.139
	每单位生产的废气排放量（－）	EWG	0.101
环境治理	生活污水处理率（＋）	DSTR	0.011
	生活垃圾无害化处理率（＋）	HTRG	0.006
开放程度	对外贸易的依赖程度（＋）	DET	0.020
	对外资本的依赖程度（＋）	DFT	0.005
居民收入	发展共享（＋）	DS	0.003
	区域共享（＋）	RS	0.006
公共服务	人均教育费用（＋）	PE	0.031
	人均卫生机构数（＋）	PH	0.023
	人均互联网用户（＋）	PI	0.014
	人均公路里程（＋）	PR	0.013

数据来源：《河南省城市统计年鉴》《中国环境统计年鉴》《中国能源统计年鉴》以及知网数据统计等。

根据河南省各主要经济指标的权重，测算出河南省实体经济高质量发展综合指数，以英文缩写 Dep 表示，运用固定基极差熵权法对数据进行处理，计算出最终河南省各年份实体经济高质量发展指数，如表4-3所示。

表4-3　河南省地市的实体经济高质量发展指数（2011—2020 年）

地区	2011年	2012年	2013年	2014年	2015年	2016年	2017年	2018年	2019年	2020年	均值
郑州市	0.31	0.33	0.32	0.35	0.46	0.50	0.55	0.64	0.73	0.89	0.51
开封市	0.19	0.22	0.23	0.22	0.15	0.19	0.28	0.37	0.47	0.59	0.29
洛阳市	0.25	0.28	0.29	0.29	0.31	0.36	0.42	0.51	0.59	0.68	0.40
平顶山市	0.15	0.20	0.22	0.21	0.22	0.26	0.28	0.31	0.47	0.59	0.29

（续）

地区	2011年	2012年	2013年	2014年	2015年	2016年	2017年	2018年	2019年	2020年	均值
安阳市	0.16	0.18	0.16	0.15	0.17	0.21	0.23	0.34	0.48	0.60	0.27
鹤壁市	0.21	0.26	0.24	0.23	0.25	0.29	0.36	0.41	0.52	0.67	0.34
新乡市	0.18	0.20	0.23	0.22	0.24	0.27	0.38	0.41	0.54	0.62	0.33
焦作市	0.24	0.26	0.27	0.27	0.29	0.33	0.39	0.45	0.53	0.66	0.37
濮阳市	0.17	0.19	0.14	0.14	0.13	0.18	0.25	0.35	0.46	0.55	0.26
许昌市	0.19	0.21	0.23	0.23	0.26	0.28	0.35	0.40	0.53	0.61	0.33
漯河市	0.17	0.21	0.17	0.16	0.17	0.24	0.27	0.34	0.48	0.59	0.28
三门峡市	0.16	0.21	0.21	0.16	0.19	0.27	0.27	0.35	0.46	0.58	0.29
南阳市	0.15	0.17	0.17	0.16	0.18	0.23	0.24	0.31	0.42	0.56	0.26
商丘市	0.13	0.15	0.16	0.17	0.19	0.23	0.21	0.29	0.40	0.47	0.24
信阳市	0.14	0.15	0.16	0.14	0.17	0.19	0.25	0.32	0.45	0.49	0.25
周口市	0.11	0.14	0.14	0.15	0.18	0.21	0.27	0.29	0.39	0.44	0.23
驻马店市	0.14	0.16	0.14	0.13	0.18	0.21	0.24	0.31	0.41	0.53	0.25

4.2.4 河南实体经济高质量发展指数解读

以地级市作为核算单位来计算河南实体经济高质量发展指数，经过对比分析可知，郑州市、洛阳市、焦作市以及鹤壁市的高质量发展水平相较于其他地级市来说较高。为了比较河南省各市实体经济高质量发展水平，需要计算出河南省各市实体经济高质量发展指数中位值，河南省各市实体经济高质量发展指数中位值如图4-2所示。

图4-2显示，河南省郑州市实体经济高质量发展指数中位值已接近0.5，位居首位，洛阳市位居第二，其数值达到了0.335。河南省其他市域中位值都比较接近。为了检验河南省各市实体经济高质量发展水平的稳定性，需要计算出指数方差，如图4-3所示。

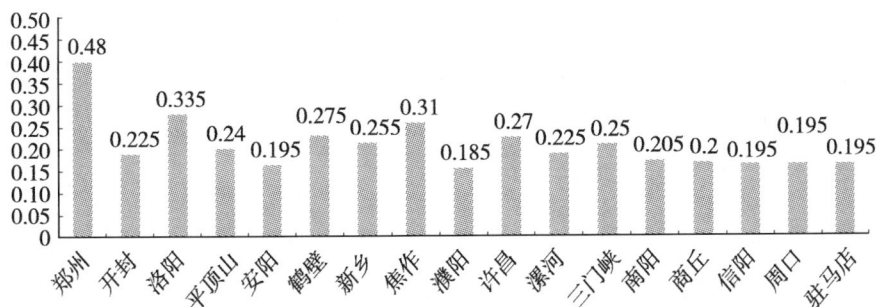

图 4 - 2　2011—2020 年河南省各市域实体经济高质量发展指数中位值

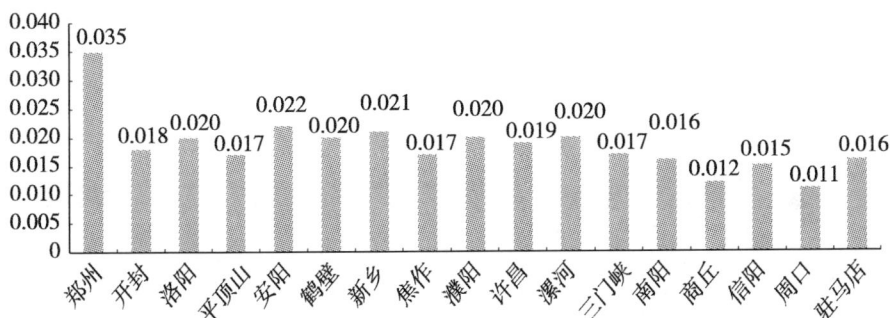

图 4 - 3　2011—2020 年河南省各市域实体经济高质量发展指数方差

从图 4 - 3 可以看出，除郑州市之外，河南省各市实体经济高质量发展指数方差数值都较小，表示河南省实体经济高质量发展水平相对稳定。为了更加直观地观测 2011—2020 年河南省各市实体经济高质量发展水平，以算术平均数来计算出经济高质量平均指数，如图 4 - 4 所示。

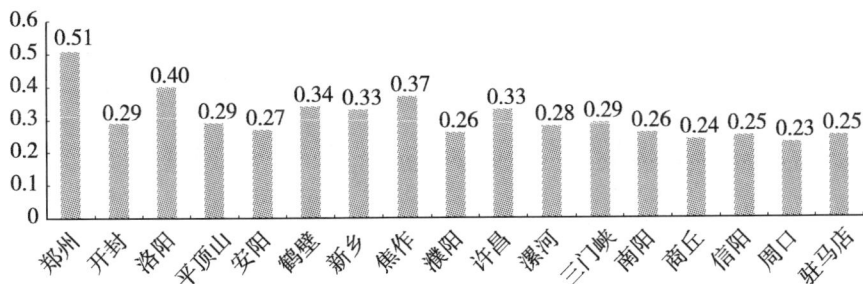

图 4 - 4　2011—2020 年河南省各市域实体经济高质量发展平均指数

图 4-4 显示，郑州市平均指数最高，达到了 0.51，位居全省首位。洛阳市平均指数为 0.4，位居河南省第二位。鹤壁、焦作、新乡、许昌等市区的实体经济高质量发展平均指数均已超过 0.3，但相较于郑州市和洛阳市来说仍较为落后。实体经济高质量发展平均指数最低的是周口市，平均指数仅为 0.23。同样，一些与周口市经济发展程度类似城市的实体经济高质量发展平均水平也相对落后。表明河南省实体经济高质量发展具有一定的空间异质性。

第5章 河南数字普惠金融新格局的形成

5.1 河南经济区域划分

河南省下辖 17 个地级市,分别为郑州市、洛阳市、开封市、新乡市、平顶山市、安阳市、鹤壁市、濮阳市、信阳市、许昌市、漯河市、驻马店市、南阳市、商丘市、周口市、三门峡市及焦作市,1 个省直辖县级市,为济源市,共计 18 个行政区,在区县层面河南省有 20 个县级市,82 个县,54 个市辖区。河南省人民政府立足各地市产业经济发展状况,将河南省整体划分为 4 个经济区域,分别为中原经济区、豫北经济区、豫西豫西南经济区和黄淮经济区。其中,中原经济区包括郑州、洛阳、开封、新乡、焦作、平顶山、许昌、漯河及济源市,豫北经济区包括安阳、鹤壁和濮阳市,豫西豫西南经济区包括三门峡和南阳市,黄淮经济区包括驻马店、商丘、周口和信阳市。具体划分如表 5-1 所示。

表 5-1 河南省四大经济区划分

经济区名称	区域范围(市)
中原经济区	郑州、洛阳、开封、新乡、焦作、平顶山、许昌、漯河、济源
豫北经济区	安阳、鹤壁、濮阳
豫西豫西南经济区	三门峡、南阳
黄淮经济区	驻马店、商丘、周口、信阳

5.2　河南数字普惠金融的时序演化

5.2.1　数字普惠金融总指数的时序演化

2016—2020 年，河南省数字普惠金融总指数大体上是逐年提高的，该指数的平均值从 2016 年的 90.97 增长到 2020 年的 117.55。从增长速度来看，2017 年的增速最大，为 16.17%，之后三年的增长速度有所下降，分别为 1.73%、7.53% 和 1.68%，虽下降幅度较大，但均为正值，说明河南省数字普惠金融的发展水平仍在提高。同样，该指数的中位值也从 2016 年的 90.12 增长到 2020 年的 115.99，总体呈现出逐年缓慢增长的趋势，说明河南省整体数字普惠金融发展水平处在一个稳步提升的阶段。具体变化情况如图 5-1 所示。

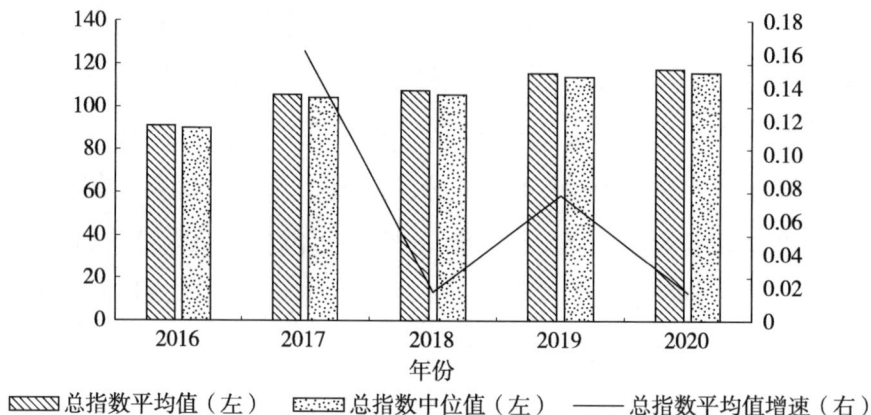

图 5-1　河南省数字普惠金融总指数平均值、中位值和平均值增速

从不同区域可以看出，河南省四大经济区域的数字普惠金融指数在 2016—2020 年之间均处于一个逐年增长的阶段，且增长趋势和增长速度大体一致，四个区域之间没有明显的差异。分开比较，中原经济区始终位于领先地位，其他三个经济区之间差距不大，基

本处于同一水平,其中黄淮经济区处于省内末尾位置。总的来看,河南省以及四个区域的县域数字普惠金融指数的增长速度逐渐放缓,数字普惠金融在县域地区的发展出现一定的乏力趋势。如图 5-2 所示。

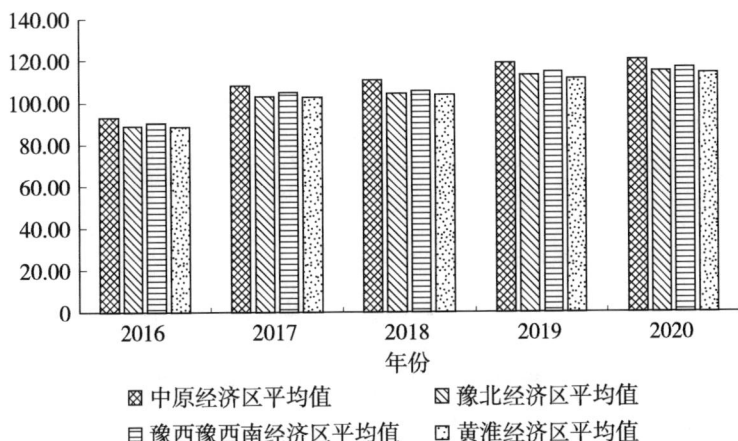

图 5-2　河南省四大经济区数字普惠金融指数平均值

5.2.2　数字普惠金融多维度指数的时序演化

考虑到数字金融服务的广度和深度,又有横向和纵向的可比性,同时还体现了数字金融服务的多层次性和多元化,数字普惠金融多维度选择覆盖广度、使用深度和数字化程度三个维度来分析。从时序上看,在河南省数字普惠金融指数中,不同维度的指数值随着时间的改变均有一定的变化,而从区域差异来看,在同一维度的指数下,中原经济区、豫北经济区、豫西豫西南经济区和黄淮经济区这四大经济区域也应存在各自的变化趋势,且不同区域之间有一定的差异性,如图 5-3 所示。

由图 5-3 可以看出,在 2016—2020 年间,河南省数字普惠金融指数的三个维度指标中,总体上均呈现出增长的趋势,其中增长幅度最大的指数是使用深度指数,从 2016 年的 91.22 增长到 2020

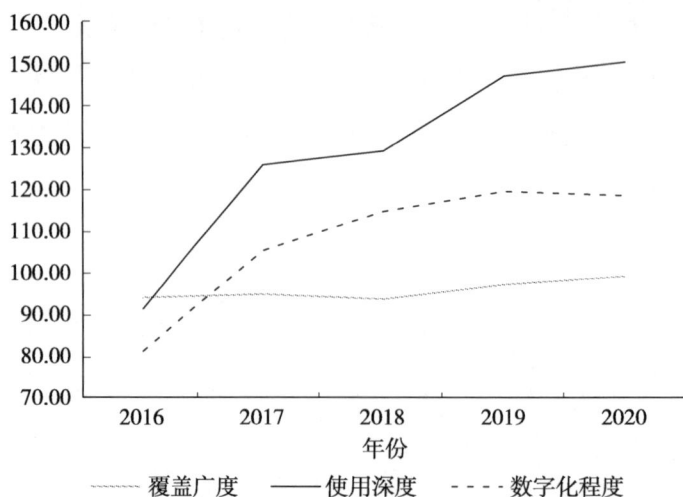

图 5-3　河南省数字普惠金融的多维度指数

年的 150.50。其次是数字化程度，从 2016 年的 81.00 增长到 2020 年的 118.52，但 2020 年出现了小幅度下降。最后是覆盖广度，变化趋势相对平稳，从开始的 93.86 增长到 2020 年的 99.12，增长值不大，且在 2018 年有小幅下降。出现这种情况的原因可能是在金融和互联网技术结合的初期，发展的主要驱动力来源于使用者数量的扩大，即覆盖广度的提高，已经完成尽可能挖掘潜在用户的目标，因此在近几年，使用数字普惠金融服务的人数没有较大程度的增加，保持平稳。而整个河南省普惠金融指数值的提高，主要来自使用深度和数字化程度的加深，其中数字化程度在 2016—2019 年增长较为明显，因为在这期间河南省大部分县域地区的互联网基础设施都得到了完善，各种小微贷和消费贷的金融服务开始出现，2019 年和 2020 年进入了平稳阶段。此阶段总指数的增长最主要的动力是使用深度的提高，河南省是人口大省，支付宝用户多，通过支付宝使用金融服务的人数也会相应增加，同时由于这几年政府大力推进金融和互联网的融合，大量用户选择线上的方式进行交易，因此使用深度指数呈现逐年增加的趋势。

5.2.3 四大经济区数字普惠金融覆盖广度的时序演化

数字普惠金融，是数字技术和普惠金融相结合的一种新兴的金融发展模式，旨在借助数字化的手段来提升金融的服务范围，所以在其覆盖广度的衡量上，选择用电子账户数来体现，这与以往的传统金融机构用金融机构网点数和金融服务人员数来统计形成了较大的区别。另外，根据金融监管部门的相关规定，绑定了银行卡的第三方支付账户，才具有大额转账的功能，更能体现其价值，所以只有绑定了银行卡的第三方支付账户，才能够称为对该用户进行了真正的覆盖。四大经济区数字普惠金融覆盖广度的平均值如图 5-4 所示。

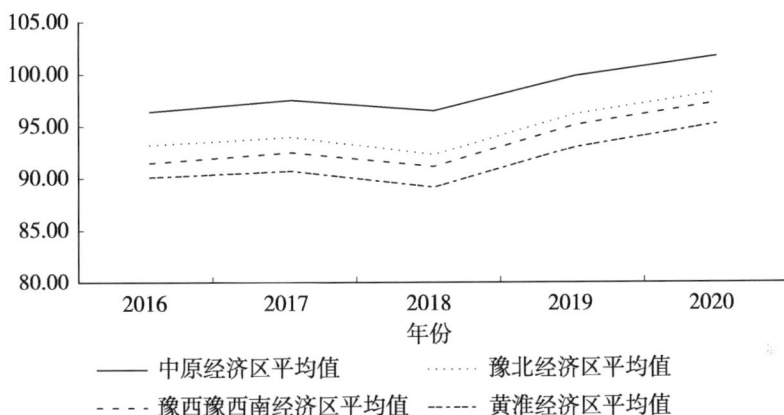

图 5-4 河南省四大经济区数字普惠金融覆盖广度平均值

由图 5-4 看出，2016—2020 年河南省的数字普惠金融的覆盖广度指数大体上呈现增长的趋势，唯有在 2017—2018 年间为下降趋势，可能是因为前期增长较快，将有需要以及愿意使用支付宝的用户群体基本覆盖，另一方面，也有可能是该年出现了新的金融产品和其他软件，分走了支付宝的潜在用户，从而导致这一指数的降低。但 2019 年和 2020 年均又恢复快速增长的趋势，一方面可能是因为 2019 年底的新冠疫情防控期间，政府号召居民居家隔离，衣食住行受到一定的限制，网上购物的便利吸引了大量的未覆盖用户，提高了支付宝的注册量；另一方面，随着金融的不断发展，网上支付的快捷性和安全性被认可，支付宝作为主流支付手段，其使用者增加是无可厚非的，而河南省作为人口大省，绑定用户的数量增加显得更为明显。因此，2018—2020年河南省数字普惠金融覆盖广度指数呈现增长趋势。从区域差异来看，四个经济区域的覆盖广度指数的增减趋势保持一致，中原经济区一直处于领先位置，其他三个经济区差别不大但均较落后于中原经济区，原因可能是中原经济区的地理位置优越，含有省会城市郑州，经济发展领先于其他地区，且各种基础设施较为完善，更有利于互联网与金融的发展结合，从而更容易提高数字普惠金融的覆盖用户数量。

5.2.4 四大经济区数字普惠金融使用深度的时序演化

数字普惠金融指数在衡量其使用深度方面，统计了实际使用者的总量指标，即每一万名支付宝用户中使用数字金融服务的数量，又统计了使用者的活跃度指标，即人均交易笔数和人均交易金额。2016—2020年，河南省四个区域数字普惠金融使用深度指数整体上呈现出逐年增加的趋势，其在2017年和2019年有较高的增长率，2018年和2020年的增长率较低，原因可能是2018年我国的金融科技市场发展活跃，金融科技公司数量增加，新的数字金融软件出现带走了部分支付宝用户，从而使支付宝的使用深度有所降低，而2020年再次趋于平稳，可能因为在新冠疫情的影响下，经济和金融的发展速度有所减缓，居民使用数字金融服务的频率与交易数量与前一年没有太大区别。从区域差异来看，中原经济区的使用深度指数高于其他地区，黄淮经济区和豫北经济区的指数最低。如图5-5所示。

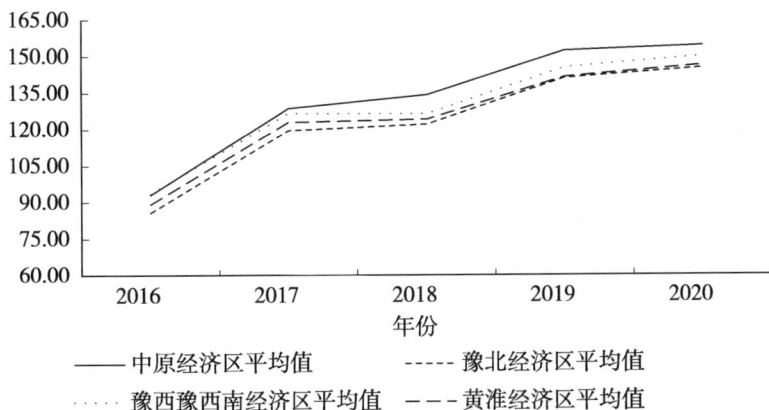

图 5-5　四大经济区数字普惠金融使用深度指数平均值

5.2.5　四大经济区数字普惠金融数字化程度的时序演化

正是因为数字普惠金融提供了更好的便利性，更低的成本，众多用户才会选择使用数字金融服务。在衡量普惠金融的数字化程度上，采用移动支付笔数占总支付笔数比例的高低、消费贷和小微企业贷利率的高低、免押金支付笔数占总支付笔数比例的高低等来体现数字金融服务的便捷性、低成本和高信用化。河南省各经济区数字普惠金融数字化程度的变化情况如图 5-6 所示。

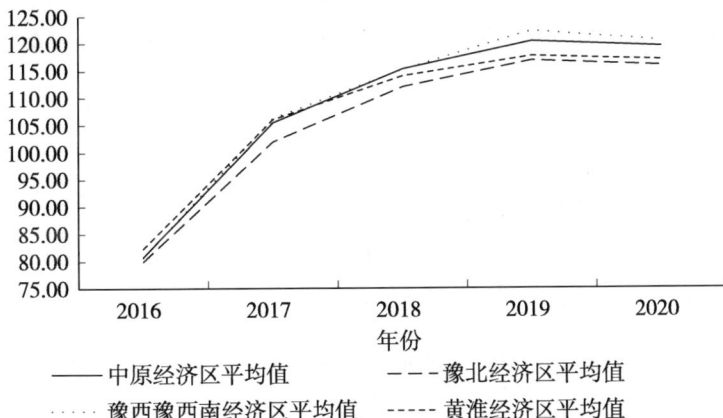

图 5-6　四大经济区数字普惠金融数字化程度平均值

由图 5‐6 可以看出，2016—2020 年期间，河南省四个区域数字普惠金融数字化程度在前三年均是增长的趋势，但增长率是逐渐降低的，在 2020 年都出现了一定程度的下降。从区域差异来看，虽然在个别年份有所区别，但总体上差别不大，重合部分较多，原因可能是因为互联网的便捷性和不受地理位置影响的特性，河南省四个经济区域的数字技术发展差别不大，普惠金融的数字化程度差异小。

5.3 河南数字普惠金融的空间分布

本部分研究河南省数字普惠金融是否存在空间上的集聚性，河南省市辖区、市辖县和县级市依据《河南统计年鉴》中的行政区划，包括 158 个县级单元，其中有 53 个市辖区，83 个市辖县和 22 个县级市。河南省各县域数字普惠金融发展指数来源于"北京大学数字普惠金融指数（第三期）"。

5.3.1 测度方法

这里选择用 Moran's I 指数（指莫兰指数，公式中用 I_M 表示）从空间维度分析河南省各县域数字普惠金融发展情况。通过计算 Moran's I 指数可了解河南省数字普惠金融是否出现集聚现象，以便进一步分析。

第一，设置空间权重矩阵。计算 Moran's I 指数之前，先设置空间权重矩阵。空间权重矩阵大体分为基于临近关系和基于地理距离两种类型，由于基于临近关系的权重矩阵一般用于地理面积相近且接壤的空间分析，若不同区域面积相差较大或是没有接壤的临近关系，那么这种方式下的分析就会出现偏差。而本书研究的是河南省数字普惠金融发展水平的空间分布格局，因此选择使用基于距离的空间权重矩阵进行计算，公式如下：

$$
w_{ij} = \begin{cases} 1 & \text{当区域 } i \text{ 和 } j \text{ 的距离小于 } d \text{ 时} \\ 0 & \text{其他} \end{cases}
$$

上式中的 $d=51.16$ 千米，其中，w_{ij} 是二元临近矩阵，在设置的距离标准下，当研究区域 i 和研究区域 j 之间的地理距离小于 d 时，此时 w_{ij} 为 1，其他情况时则为 0。

第二，计算全局 Moran's I 指数。全局 Moran's I 指数可以指出研究区域某一属性值的分布呈现的是聚集模式，判断属于离散模式或是随机分布模式。因此这里用 Moran's I 指数来检验河南省数字普惠金融发展水平是否具有空间集聚现象，计算公式如下：

$$
I_M = \frac{n \sum_{i=1}^{n} \sum_{j=1}^{n} w_{ij}(x_i - \overline{x})(x_j - \overline{x})}{\left(\sum_{i=1}^{n} \sum_{j=1}^{n} w_{ij} \right) \sum_{i=1}^{n}(x_i - \overline{x})^2}
$$

其中，x_i、x_j 表示研究区域 i 与 j 的观测值，这里表示河南省某县域数字普惠金融指数，n 为研究区域的总数，w_{ij} 为构建的空间权重矩阵，这里选择的是地理距离矩阵。Moran's I 指数应处于 -1 和 1 之间，若 $I_M>0$，则表示各地区在空间分布上呈正相关；若 $I_M<0$，则表示各地区在空间分布上呈负相关；若 $I_M=0$，则表示不存在空间相关性，在空间上呈随机分布。

第三，计算局部 Moran's I 指数。局部 Moran's I 指数可以用于研究相邻地区的空间区域单元之间的相关性，能够揭示河南省数字普惠金融发展在空间分布上的异质性，其计算公式为：

$$
I_M = \frac{(x_i - x) \sum_{i=1}^{n} w_{ij}(x_j - \overline{x})}{\sum_{i=1}^{n}(x_i - \overline{x})^2 / n}
$$

其中，x_i、x_j 表示研究区域 i 与 j 的观测值，n 为研究区域的总数，w_{ij} 为空间权重矩阵，在这里为地理距离矩阵。若局部 Moran's I 指数为正且通过了显著性检验，则表示具有相似值的区域单元的空间集聚；若局部 Moran's I 指数为负且通过了显著性检验，则表示具有非相似值的区域单元的空间集聚。

5.3.2 Moran's I 指数全域自相关检验

数字普惠金融的特征之一在于数字技术的融合，使得普惠金融能够提供低成本和低风险的金融产品和服务，扩大面向人群的服务范围，更好地实现"普"和"惠"。信息传递速度和共享程度的提高，意味着各地区金融发展之间的联系会更为紧密，因此在研究河南省数字普惠金融发展的空间分布格局演化之前，要对河南省的各县区之间数字普惠金融发展是否具有空间相关性进行检验。基于上述测度方法和数据，即选择地理距离权重矩阵为空间权重矩阵，选用 Moran's I 指数，根据河南省 2016—2020 年数字普惠金融发展指数，对河南省数字普惠金融发展水平的全局空间相关性进行检验，其结果如表 5-2 所示。

表 5-2　河南省数字普惠金融发展 Moran's I 指数

年份	I_M	预期指数	方差	Z 得分	P 值
2016	0.047 485	−0.006 369	0.001 013	1.692 209	0.090 606
2017	0.055 840	−0.006 369	0.001 021	1.947 295	0.051 499
2018	0.076 298	−0.006 369	0.001 080	2.515 568	0.011 884
2019	0.065 506	−0.006 369	0.001 030	2.239 661	0.025 113
2020	0.053 961	−0.006 369	0.000 989	1.918 817	0.055 007

根据表 5-2 的全局 Moran's I 指数显示，除了 2016 年的 P 值偏大，达到了 0.09，其他年份中河南省数字普惠金融的全局 Moran's I 指数均在 10% 的显著性水平下大于 0，这说明 2016—

2020 年间在河南省数字普惠金融发展存在着正向的空间自相关关系，在空间的分布上呈现聚集分布，即数字普惠金融发展程度高的县区聚集在一起，数字普惠金融发展程度低的县区聚集在一起。此外，在 2018 年，河南省全局 Moran's I 指数达到最大值，为 0.076 298，五年间的指数变化趋势为"W"形，说明河南省数字普惠金融发展的集聚程度是有所起伏而非单一增长或下降的状况。

5.3.3　河南数字普惠金融的局部空间分布

全局 Moran's I 指数表明研究期间河南省数字普惠金融在空间上存在集聚现象，为了进一步研究其局部的空间关联特征，本节选用 Moran's I 散点图、Lisa 集聚分析和冷热点分析来具体研究河南省哪些县区的数字普惠金融出现了集聚现象及其集聚程度。

第一，Moran's I 散点图。在地理距离权重下，运用 ArcGIS 和 GeoDa 软件测度河南省数字普惠金融发展的空间相关性，绘制出研究期间的 Moran's I 散点图，以 2017 年、2018 年、2019 年和 2020 年为代表，描述研究区域的 Moran's I 指数演变趋势，如图 5-7 所示。

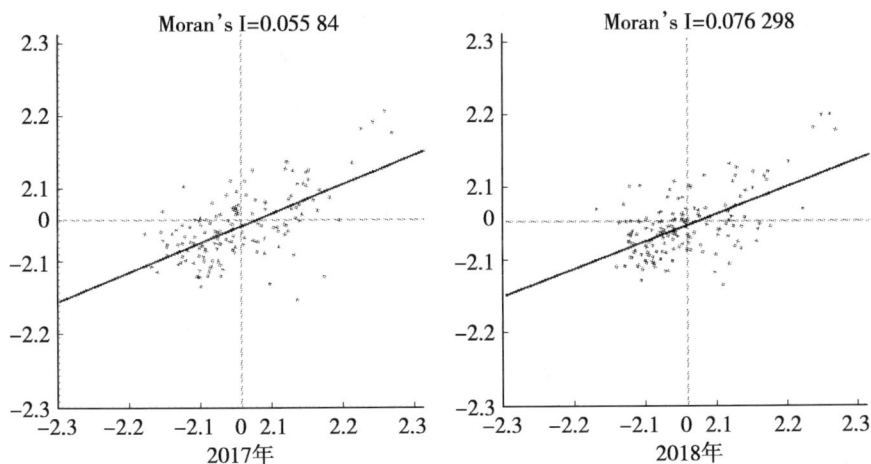

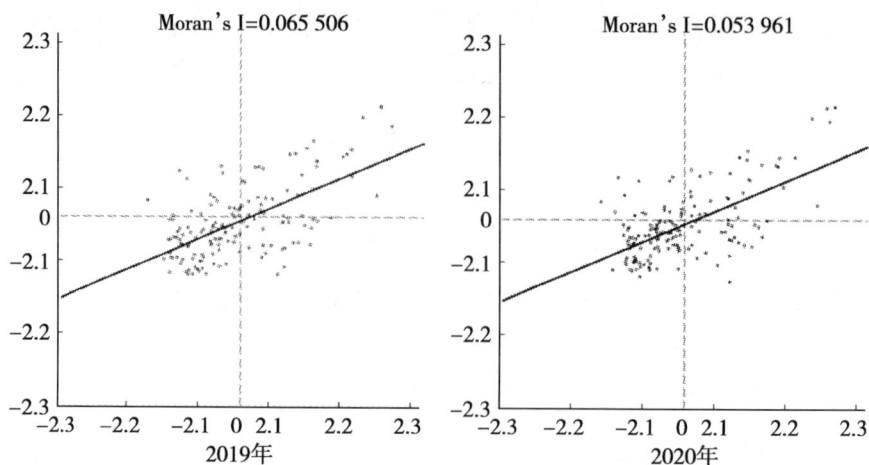

图 5-7　河南省数字普惠金融的 Moran's I 散点图

　　图 5-7 的四个散点图，从左到右分别为 2017 年、2018 年、2019 年和 2020 年的河南省县区数字普惠金融发展 Moran's I 散点图。Moran's I 散点图分为四个象限，第一象限为 HH 型地区，即高高聚集；第二象限为 LH 型地区，即低高聚集；第三象限为 LL 型地区，即低低聚集；第四象限为 HL 型地区，即高低聚集。散点图中的每一个点都表示河南省的一个县区。观察四张散点图，可以发现位于第一象限和第三象限的县区较多，明显多于其他两个象限，其中第三象限中的县区数量最多。这说明河南省县区的数字普惠金融发展存在明显的聚集现象，数字普惠金融发展水平高的县区自身及周边的县区都具有较高的发展程度，而数字普惠金融发展慢的县区及周边县区的数字普惠金融发展程度均较低，在县域层面存在着正空间相关性。

　　第二，Lisa 聚集分析。Moran's I 散点图只能说明研究地区是否存在集聚现象，但不能说明产生集聚现象的具体地区，也不能体现研究区域的局部空间集聚特征在统计意义上是否显著，因此需要对河南省数字普惠金融发展的空间相关性进行进一步测度，运用 ArcGIS 软件，对 2017—2020 年河南省县域数字普惠金融发展状况的 Lisa 聚集情况进行分析。

在 2017 年显著属于 HH 集聚模式的县域地区主要为中原地区的郑州市全域（除去巩义市和登封市），少部分为洛阳市市区和孟津县以及新乡市城区。LL 集聚模式的有安阳市的滑县，新乡市的长垣县，开封市的通许县、杞县和兰考县，商丘市的民权县、睢县和柘城县，除了郸城县和沈丘县的周口市全域，驻马店市的上蔡县和平舆县，还有南阳市的内乡县，豫北、豫南和豫东地区均有所涉及。HL 集聚模式的有濮阳市的华龙区，周口市的市区和开封市的市区，LH 集聚模式有新乡市的原阳县和洛阳市的新安县，数量少且分散，分别在豫北和豫西豫西南地区。

2018 年表现为 HH 集聚模式的县域地区增加到了 18 个，增加区域有焦作市的孟州市和开封市的市区。表现为 LL 集聚模式的县域地区同 2017 年，大部分集中在豫东地区，其他有少量地区变为 LL 集聚模式，如南阳市的南召县，平顶山市的鲁山县，商丘市的夏邑县，信阳市的息县、淮滨县、潢川县、新县、商城县和光山县。HL 集聚模式的有商丘市的市区和周口市的市区。LH 集聚模式增加了两个地区，安阳市的市区和焦作市的温县。与 2017 年相比较，HH 集聚模式增加的区域在郑州市附近，体现了郑州市作为省会城市的经济地位和对周边地区的带动作用。2020 年整体上减少了集聚现象，焦作市的孟州市和开封市的市区不再表现为 HH 集聚模式，南阳市的内乡县和南召县，平顶山市的鲁山县，商丘市的夏邑县也不再表现为 LL 集聚模式，而 HL 集聚模式和 LH 集聚模式则没有变化。

总体来看，呈现 HH 集聚模式的县域从 14 个增加到了 18 个，后减少为 15 个，且大部分位于中原地区，围绕郑州市延伸，说明河南省数字普惠金融发展的"高-高"集聚现象有上下波动但基本平稳，郑州市有较高的数字普惠金融水平且能够对周边县区产生正面影响。呈现 LL 集聚模式的县域数量从 18 个到 23 个，又到 19 个，数量变化不大，但区域范围变化明显。南阳市的南召县和内乡县在 2020 年不再表现为 LL 集聚模式，而信阳市的淮滨县等地区从 2018 年到 2020 年均呈现为 LL 集聚模式，LL 集聚模式的县域呈现面状分布，说明"低-低"聚集的现象在河南省的县域间比较普遍，周边地区的数字普惠金融发展水平会影响当地的数字普惠金融发展程度。属于 HL 集聚模式和 LH 集聚模式的县域数量和位置变化均不明显，为点状分布。呈现 HL 集聚模式的地区大都为各市的市区部分，LH 集聚模式的则都分布在 HH 集聚模式地区附近，这进一步说明了数字普惠金融的发展具有空间上的相关性，各市城区的数字普惠金融发展水平较高，因城区拥有更多的人力资源、金融资源和更完善的基础设施，使得普惠金融的数字化发展更为快速。

5.3.4 河南省数字普惠金融的冷热点变化

利用 ArcGIS 软件，使用 Getis - Ord Gi* 指数分析河南省在 2017—2020 年数字普惠金融发展水平在空间上集聚的冷热点区域。冷热点分析可以具体地描述各县区在空间上的关联性，与上节 Lisa 聚集情况相比，它能够进一步探究河南省县区数字普惠金融发展的空间演化特点。

2017—2020 年河南省数字普惠金融发展的热点区域基本保持不变，分布在郑州市的市区和其附近的新密市、荥阳市、武陟县（焦作市）、获嘉县（新乡市）、原阳县、新乡市、中牟县，洛阳市的市城区及其附近的新安县、孟津县、孟州市（焦作市），济源市；次热点区域中的大部分以热点区域为中心，向四周延伸，少部分如濮阳市（除去南乐县）、漯河市的市城区和驻马店市的西平县、遂平县也为次热点区域，零星分布在各处。冷点区变化不大，而次冷点区的范围在 2018 年、2019 年和 2020 年均略有增加。总体而言，热点区域虽略有变化，但总体区域范围保持在豫中和豫西地区，说明郑州市一直处于河南省数字普惠金融发展集聚中的重要位置。次热点区域变化不大，零星分布的区域有所减少，加上 2020 年的次冷点区与往年相比略有增加，位于河南省豫西豫西南地区和豫东地区的数字普惠金融发展的空间关联性有所下降，原因在于与郑州市的距离较远，郑州市数字普惠金融发展快速的带头作用难以覆盖，另一方面是这部分地区自身的经济水平不高，金融基础设施较河南省其他地区稍有落后。

5.4　河南数字普惠金融新格局的影响因素

5.4.1　理论分析及假设

这里将影响因素划分为三个方面，分别为经济因素、社会因素和居民个体特征因素，其中经济因素有传统金融发展程度、经济发展水平、县域产业结构，社会因素有政府干预程度、互联网发展水平，居民个体特征因素有居民受教育水平、收入水平等，下面对这些因素进行分析。

(1) 经济因素分析

第一，传统金融发展程度。从传统金融发展到新兴的数字普惠金融发展，这一变化是可预料的，而对于数字普惠金融和传统金融之间的关系，是学者们前期的研究重点。"替代论"认为数字普惠金融体现了数字金融的新兴科技。互联网金融具有低成本、高交易效率的特性，能够使其接近于瓦尔拉斯一般均衡，它能够对目前的金融行业产生较大的冲击，甚至会取代某些传统意义上的金融服务。"补缺论"的观点是，数字普惠金融无法代替传统金融，只是弥补原有的缺漏之处，与互联网技术的结合提高了效率，但并不能解决金融市场上供求双方所获信息的不完全对等问题。"互补论"

认为数字普惠金融其实是一种新型的金融模式，它是以数字技术为基础，在金融科技和传统金融互为补充和互相提高的过程中形成的。总的来说，数字普惠金融是在传统金融的基础上，加入了互联网技术这一创新要素，从而延续产生的金融形式。传统金融的发展程度影响着数字普惠金融的发展水平和发展速度，具有较高传统金融发展水平的地区拥有良好的人才储备和金融资源储备。因此，在研究河南省数字普惠金融发展的影响因素中，假设 H1 为传统金融发展程度较高的县域地区，该地区的数字普惠金融发展程度也较高。

第二，经济发展水平。经济发展水平的高低与金融的发展程度有着密切联系，经济与金融息息相关。而数字普惠金融是如今新兴的一种金融业态，其发展程度会受到当地经济水平的影响，也会反过来影响经济的发展。经济发展水平较高的地区，一般具有大量的劳动力资源，优秀的人才储备，深厚的金融资源和完善的金融基础设施，能更好地促进互联网技术的扩展，从而帮助数字普惠金融的发展。因此，在研究河南省数字普惠金融发展的影响因素中，假设 H2 为经济发展水平高的县域地区，该地区的数字普惠金融发展程度也较高，即经济发展水平和数字普惠金融发展程度呈正相关。

第三，产业结构。大量的文献表明，产业结构与金融发展密切相关。一方面，金融业的集聚现象能够促进产业结构优化，另一方面，数字金融的兴起能够引导产业结构的调整更为合理化。第三产业指的是各类服务和商品，比如影视、体育、新闻资讯、社交以及游戏动漫这类产品和服务，是在具备一定的产业体系和一定规模的人才储备的基础之上，或者说是具备一定工业化协作的条件下才能生产出来的产品，第三产业产值占比较高的地区，能够提供更为丰富的服务，更多的就业机会和金融需求，更有助于金融服务和相关产品的创新，进而提高该地区的数字普惠金融发展水平。因此，在研究河南省数字普惠金融发展的影响因素中，假设 H3 为产业结构良好即第三产业占地区总产值比重越高的地区，其数字普惠金融发展程度也较高。

(2) 社会因素分析

第一，政府干预程度。我国政府在社会和经济发展中扮演着重要角色。金融是经济的核心，数字普惠金融是新兴的金融模式，在这个领域，政府的干预是一定存在的。从宏观层面来看，政府干预数字普惠金融的发展能够提高自身的财政税收能力；从微观层面来看，数字普惠金融可以有效促进资金的融通，扩展企业获得融资的渠道，进而推动当地的经济发展。政府通过倡导和宣传数字普惠金融的理念知识，制定执行相关的战略，监测数字普惠金融的发展状况，实践数字普惠金融的发展和维护适合其发展的环境来进行干预。而对于政府的干预起到了什么样的作用，研究学者之间存在争论，一方面，政府介入金融科技企业的目的在于将风险转移到企业本身，在该结果的基础上，有观点认为政府的干预行为对金融科技型企业有负面作用，会抑制企业进行金融创新的积极性，因此应减少政府干预。而另一方面，政府的干预有积极作用，能够增加农民的收入。政府干预的行为造成的影响要根据不同的情况来讨论，积极进取型政府有促进经济发展、提高金融水平的作用，不当的干预行为可能会对当地的金融发展起阻碍作用。因此，在研究河南省数字普惠金融发展的影响因素中，假设 H4 为政府扶持力度对数字普惠金融的发展有推动作用，但该因素的影响作用可能存在地区差异。

第二，城镇化水平。数字普惠金融的发展需要数字科技水平的提高和普惠金融的服务能力来推动，城镇化水平越高，能够认为当地的金融基础设施建设越完善。数字科技是普惠金融能够快速发展的重要支撑之一，城镇化能够提高数字技术的接受程度和传播速度。城镇化还能够有效提高数字技术的创新水平，促进技术的发展。因此，在研究河南省数字普惠金融发展的影响因素中，假设H5为城镇化水平越高的地区，其数字普惠金融发展程度也越高。

第三，人口密度。在研究经济发展和金融运行的影响因素时，地理学要素往往不可忽视。金融地理学的研究内容为金融领域的资源、人才、服务产品等要素在空间位置上的分布和变化趋势。从地理学的角度出发，交通网络的完善程度、通信的快捷程度、产业的集聚程度和人口密度等因素均能对数字普惠金融的发展产生一定影响，且不同因素的影响程度具有地区差异。在我国经济增长速度有所减缓的大背景下，以人口集聚程度为切入点，经过研究发现地区人口的集聚不仅能够提高城市抵抗风险的能力，还能够提升城市韧性。在农村地区，人口密度这一因素能够对当地的数字普惠金融发展水平产生促进作用。因此，在研究河南省数字普惠金融发展的影响因素中，假设H6为人口密度越大的县区，其数字普惠金融发展程度也越高。

(3) 居民个体特征因素分析

第一，居民受教育水平。数字普惠金融的发展在于提高广度、深度和网络技术发展程度，其中提高广度需要增加用户范围，而加大深度则需要用户加强自身对于金融的认识。人口受教育水平的提高能够提高人口质量，进而提升社会整体居民的诚信道德水平。尤其对于金融业这个人力资源占比重的行业来说，受教育水平显得尤为重要。金融从业者和参与者受教育程度的提高，意味着人们的金融知识储备更为完善，能够更快地接受层出不穷的金融产品，参与金融活动的积极性更高，进行金融活动的方式更为丰富，同时防范金融风险的能力更强，这有助于金融行业的快速发展。因此，在研究河南省数字普惠金融发展的影响因素中，假设H7为居民受教育水平与当地数字普惠金融的发展存在正相关关系，即居民受教育水平越高，该地的数字普惠金融发展程度越高。

第二，收入水平。普惠金融的目标群体主要是低收入人群、部分中小型企业以及偏远地区的金融机构，数字普惠金融面向的用户主体也是农村居民。随着农民收入的不断增长，金融需求也将随之增加，需求的增加会带动供给的增加，有利于提高金融机构的创新积极性，向金融市场注入活力。人口数量和居民的收入水平是金融机构的重要考虑因素。只有当地区的人口规模和人均收入达到一定水平时，才会吸引金融机构在此区域设立网点。因此，在研究河南省数字普惠金融发展的影响因素中，假设 H8 为城镇居民的收入水平对数字普惠金融的发展有促进作用，即城镇居民的收入水平越高，该地区的数字普惠金融发展程度越高。

（4）其他影响因素

第一，人口年龄结构。我国目前处在快速进入人口老龄化的阶段，数字普惠金融是面向更大数量的用户群体，因此用户的年龄结构会在一定程度上影响数字普惠金融的发展。青少年和老年群体或是没有金融知识和满足自身需要的资本，或是没有金融服务和金融产品的需求，而中年人因有一定的金融知识储备和经验，又有足够的资本参加金融活动，其更能促进金融的更新发展。

在金融素养和年龄的关系上，调研结果显示 36～45 岁这一年龄区间的群体往往拥有较高的金融知识储备。在人口老龄化方面，人口年龄结构会对劳动生产率产生一定的影响作用，其中人口老龄化这个影响要素在不同产业之间表现出了差异性。随着人口老龄化程度的提高，农村地区的产业结构发生变化，进一步加剧了城乡居民的收入差距，不利于普惠金融的长期发展。但在通过界定年龄阶段来研究其与数字普惠金融的关系时有一定的困难，因其影响因素过多且难以定量分析，所以本书未选取该影响因素。

第二，民族和宗教文化。我国普惠金融的主要发展区域是农村地区和民族地区，而我国共有 56 个民族，民族构成数量较多，所以需要考虑到民族这个要素。不同民族的分布区域和特有的文化习俗有着较大的差异，他们有自己的宗教文化信仰，这就有可能造成对新兴金融机构的认识出现偏差，影响到当地居民对于政府所倡导的金融政策的理解程度和执行能力，进而阻碍数字普惠金融的推进和扩展。本书研究对象为河南省，河南省是典型的少数民族散居省份，处于中原地带，人口构成大部分为汉族，虽然省内的少数民族人口数量在全国未建立民族自治地方的省份中居第一位，但相较于省内总人口而言，其数量仍占少数，且其分布分散，各项数据难以收集，不能进行定量分析，因此暂不选取该因素进行实证分析。

5.4.2 指标选取及数据来源

（1）指标选取

第一，被解释变量。本章研究河南省数字普惠金融新格局的影响因素，需要一个权威性强、认可度高的指标来描述其发展水平，在此选用"北京大学数字普惠金融指数（第三期）"中"河南数字普惠金融指数"作为被解释变量。

第二，解释变量。从经济因素、社会因素和居民个体特征因素这三个层面选取下列指标作为解释变量，并参考有关文献，选用合适的计算方式，如表 5-3 所示。

表 5-3 变量的解释说明

类型	变量名称	计算方式	代号	预期符号
被解释变量	河南数字普惠金融指数	选自北京大学数字普惠金融指数（第三期）	CDIFI	

（续）

类型		变量名称	计算方式	代号	预期符号
解释变量	经济因素	传统金融发展水平	金融机构存贷款余额总额/GDP	*TFD*	＋
		经济发展水平	人均 GDP（县区 GDP/常住人口）	*ED*	＋
		产业结构	县区第三产业产值/GDP	*IS*	＋
	社会因素	政府扶持力度	县区政府财政支出/GDP	*GS*	＋
		城镇化水平	县区城镇人口/总人口	*UL*	＋
		人口密度	县区常住人口数/地理面积	*CPD*	＋
	居民个体特征因素	人口受教育水平	县区中小学生总数/总人口	*ELP*	＋
		收入水平	县区城乡居民可支配收入	*IL*	＋

在社会因素的指标选取中，对于政府干预程度这一影响因素，由前文对河南省数字普惠金融发展现状的概述可知，河南省政府大力促进普惠金融和金融科技的融合发展，其干预行为是数字普惠金融在省内发展的重要动力之一，因此本书用"政府扶持力度"来表示该因素，并用县区政府的财政支出与县域 GDP 的比值来计算该变量。对于人口受教育水平这一解释变量，由于数据的局限性，用河南省各县区中小学生总数与县区总人口的比值来计算该变量。

（2）数据来源及描述性统计

因数据的可得性，剔除河南省各市的市辖区，选择 2016—2020 年河南省内 104 个县域作为研究样本，数据来源于"北京大学数字普惠金融指数（第三期）"、《河南省统计年鉴》、《中国县域统计年鉴》、河南省各地市级统计年鉴以及实际调研数据。在实证检验之前，对选取的样本数据进行描述性统计，统计结果如表 5-4 所示。

表 5-4　变量指标描述性统计

变量名称	观测数	平均值	中位值	标准差	最小值	最大值
CDIFI	520	104.34	105.56	9.87	81.53	129.30
TFD	520	1.37	1.34	0.49	0.61	6.69

（续）

变量名称	观测数	平均值	中位值	标准差	最小值	最大值
ED	520	46 627.68	39 817.73	21 607.93	12 033.00	127 199.08
IS	520	0.39	0.40	0.07	0.15	0.61
GS	520	0.17	0.17	0.06	0.06	0.37
UL	520	0.44	0.42	0.09	0.27	0.97
CPD	520	0.06	0.06	0.03	0.01	0.21
ELP	520	0.16	0.17	0.03	0.08	0.24
IL	520	27 690.63	27 441.14	3 888.88	18 675.74	38 613.14

从各个指标变量的描述性统计可以发现，在解释变量里除了单位不统一的 ED 变量和 IL 变量，$CDIFI$ 变量的标准差最大，说明河南省县区的互联网发展水平不均衡。被解释变量 $CDIFI$，即河南省各县区的数字普惠金融指数的标准差为 9.87，同时最大值和最小值的差值接近 50，说明河南省县区的数字普惠金融在研究期间发展较快，并且各县之间的发展水平差距较大。

5.4.3 回归模型构建

为进一步研究河南省数字普惠金融新格局的影响因素，选择面板数据进行回归分析，其中有三种常用的基本模型，分别为固定效应模型、随机效应模型和混合回归模型，根据选取数据的特征来确定适合的模型。

通过对面板数据进行 F 检验和 Hausman 检验来确定进行回归的模型，检验结果如表 5 - 5 所示。

表 5 - 5　F 检验和 Hauseman 检验结果

	河南省	黄淮经济区	豫西豫西南经济区	豫北经济区	中原经济区
F 检验	76.88 (0.0000)	25.06 (0.0000)	33.74 (0.0025)	10.56 (0.0000)	34.15 (0.0049)

（续）

	河南省	黄淮经济区	豫西豫西南经济区	豫北经济区	中原经济区
Hauseman 检验	109.44 (0.0000)	37.46 (0.0000)	28.13 (0.0003)	25.38 (0.0000)	45.86 (0.0026)
模型选择	固定效应模型	固定效应模型	固定效应模型	固定效应模型	固定效应模型

根据本章的理论分析和解释变量的选择，结合上述检验结果，这里将运用固定效应面板模型进行回归分析。固定效应面板模型及参数含义如表 5-6 所示。

$$y_{it} = x_{it}'\beta + z_i'\delta + u_i + \varepsilon_{it}$$

表 5-6　固定效应面板模型参数的解释说明

参数	参数所代表的含义
x_{it}'	可以随个体及时间而变动
z_i'	不随时间而变动的个体特征
$u_i + \varepsilon_{it}$	复合扰动项
u_i	个体异质性且不可观测（固定效应模型中 u_i 和某个解释变量相关）
ε_{it}	随机扰动项，且与 u_i 不相关，通常视为独立同分布，随个体和时间而变

根据本书研究的是河南省数字普惠金融新格局的影响因素，初步确定河南省数字普惠金融新格局的影响因素的模型为：

$$CDIFI_t = \alpha_0 + \alpha_1 TFD_t + \alpha_2 ED_t + \alpha_3 IS_t + \alpha_4 GS_t + \alpha_5 UL_t + \alpha_6 CPD_t + \alpha_7 ELP_t + \alpha_8 IL_t + \mu_t$$

其中，t 表示年份，$CDIFI_t$ 表示第 t 年河南省数字普惠金融指数，α_{1-8} 表示解释变量系数，α_0 表示常数项，μ_t 表示模型误差项。

5.4.4　实证分析

根据前文分析发现，河南省数字普惠金融的发展状况不平衡，在空间上存在一定的集聚现象，且不同类型的集聚区域与河南省四大经济区基本吻合。本节运用 Stata 软件，基于整体和区域两个角度，对影响河南省数字普惠金融发展的因素进行回归分析。

（1）变量的相关性检验

由于选取了多个解释变量，变量之间可能存在自相关关系，影响实证结果的可靠性。因此采用 VIF 值检验解释变量间是否存在关系，如表 5-7 所示。

表 5-7 解释变量的 VIF 值

	传统金融发展水平（TFD）	经济发展水平（ED）	产业结构（IS）	政府扶持力度（GS）	城镇化水平（UL）	人口密度（CPD）	人口受教育水平（ELP）	收入水平（IL）的对数
VIF 值	2.07	4.63	1.63	2.82	2.81	1.37	1.42	2.53
1/VIF	0.48	0.22	0.61	0.36	0.36	0.73	0.70	0.39

由表 5-7 可以发现，解释变量的 VIF 值中，最大值为 4.63，最小值为 1.37，均小于 10，说明解释变量之间不存在较强的多重共线性，可以进行回归分析。

（2）基准回归结果

根据上述所构建的模型，将选取的河南省 104 个县区的全样本数据和四大经济区的分样本数据代入模型中，分别进行面板基准回归得到结果如表 5-8 所示。

为研究河南省各县区之间的地区差异性，分别对不同经济区进行基准回归，其中模型（一）（二）（三）（四）分别代表中原经济区、豫北经济区、豫西豫西南经济区和黄淮经济区四个经济区，其回归结果如表 5-9 所示。

表 5-8　河南省数字普惠金融全域面板数据回归结果

变量名称	(1) lnCDIFI	(2) lnCDIFI	(3) lnCDIFI	(4) lnCDIFI	(5) lnCDIFI	(6) lnCDIFI	(7) lnCDIFI	(8) lnCDIFI
TFD	0.103 5*	0.150 0***	0.079 6***	0.065 5***	0.046 9**	0.052 5**	0.043 5*	0.018 4***
	(1.96)	(2.88)	(2.20)	(3.16)	(2.58)	(2.53)	(1.91)	(3.07)
ED		0.000 2***	0.000 2***	0.000 3***	0.000 3***	0.000 2***	0.000 3***	0.000 4**
		(9.43)	(7.53)	(5.59)	(5.85)	(5.98)	(5.95)	(1.99)
IS			0.836 3***	0.435 0***	0.388 3***	0.404 8***	0.373 4***	0.032 9
			(7.17)	(5.47)	(5.21)	(5.41)	(5.38)	(0.75)
UL				1.751 6***	1.722 6***	1.580 7***	1.539 7***	0.393 0***
				(8.50)	(8.44)	(7.37)	(7.73)	(2.73)
GS					0.447 8***	0.474 3***	0.501 8***	0.030 0
					(3.21)	(3.82)	(4.46)	(0.40)
CPD						2.032 4***	1.023 6	0.037 0
						(2.90)	(1.38)	(0.13)
ELP							0.806 7***	0.055 2
							(3.30)	(0.36)
lnIL								0.704 3***
								(10.26)
_cons	4.501 6***	4.002 7***	3.864 5***	3.408 5***	3.371 8***	3.269 5***	3.513 4***	-2.788 2***
	(62.25)	(47.62)	(84.69)	(61.40)	(62.81)	(54.43)	(34.53)	(-4.45)
R^2	0.122	0.500	0.629	0.748	0.755	0.762	0.769	0.886
N	520	520	520	520	520	520	520	520

注：相关数据由 Stata 回归得到，表中（ ）内为 P 值，*、** 及***表示在 1%、5% 及 10% 的显著性水平下通过检验。

表 5 - 9　河南省四大经济区数字普惠金融面板数据回归结果

变量名称	中原经济区（一）lnCDIFI	豫北经济区（二）lnCDIFI	豫西豫西南经济区（三）lnCDIFI	黄淮经济区（四）lnCDIFI
TFD	0.018 6**	0.004 7	0.046 7**	0.041 9***
	(2.38)	(0.73)	(2.20)	(3.73)
ED	0.000 3***	0.000 2	0.000 2***	0.000 1**
	(2.96)	(0.91)	(3.08)	(2.66)
IS	0.003 6	0.000 7	0.093 0	0.060 7
	(0.16)	(0.01)	(1.05)	(0.94)
UL	0.102 1***	0.209 2	0.147 1*	0.047 9
	(3.05)	(1.06)	(1.84)	(0.52)
GS	0.046 1	0.080 3	−0.162 5	−0.127 4
	(0.87)	(0.51)	(−1.28)	(−1.26)
CPD	0.310 3***	2.214 5	0.220 7	−1.787 3***
	(2.78)	(1.38)	(0.87)	(−3.77)
ELP	0.224 6**	−0.316 7	−0.240 5*	−0.129 8
	(2.45)	(−0.59)	(−1.68)	(−0.86)
lnIL	0.024 5	0.948 3***	0.067 2	0.946 3***
	(0.92)	(12.83)	(0.68)	(17.69)
_cons	4.177 9***	−5.095 7***	3.770 7***	−4.843 5***
	(15.88)	(−6.37)	(3.79)	(−10.53)
R^2	0.903	0.923	0.892	0.907
N	225	60	75	160

注：相关数据由 Stata 回归得到，其中（）内为 P 值，*、** 及 *** 表示在 1%、5% 及 10%的显著性水平下通过检验。

（3）稳健性检验

为了保证实证研究的准确性，需要进行稳健性检验来验证实证分析的结果。由于被解释变量河南数字普惠金融指标体系中分有三个维度，多个子指标，因此这里采用替换被解释变量的方法，用不同层面的衡量数据替换原被解释变量。对河南省数字普惠金融整体进行回归分析，回归结果如表 5 - 10 所示。

表 5 - 10　稳健性检验回归结果

变量名称	总指数（lnCDIFI）	覆盖广度（1）	使用深度（2）	数字化程度（3）
TFD	0.018 4***	0.013 8	0.042 1***	−0.006 8
	(3.07)	(1.41)	(4.35)	(−0.49)
ED	0.000 4**	0.000 2*	0.000 2*	0.000 1
	(1.99)	(1.81)	(1.76)	(0.63)
IS	0.032 9	0.091 2***	0.078 4	−0.262 5**
	(0.75)	(4.10)	(0.74)	(−2.23)
UL	0.393 0***	0.143 3**	0.746 9**	0.452 1
	(2.73)	(2.58)	(2.33)	(1.36)
GS	0.030 0	−0.083 6	−0.151 1	0.350 4*
	(0.40)	(−1.51)	(−0.85)	(1.71)
CPD	0.037 0	−0.493 0	1.287 3**	−0.032 1
	(0.13)	(−1.47)	(2.16)	(−0.04)
ELP	0.055 2	−0.838 9***	0.555 8	1.662 9***
	(0.36)	(−6.13)	(1.47)	(2.73)
lnIL	0.704 3***	0.052 7***	1.393 4***	1.325 3***
	(10.26)	(3.14)	(9.15)	(9.30)
_cons	−2.788 2***	4.034 4***	−10.063 1***	−9.317 1***
	(−4.45)	(24.16)	(−7.25)	(−7.10)
R^2	0.886	0.659	0.854	0.776
N	520	520	520	520

注：相关数据由 Stata 回归得到，其中（）内为 P 值，*、** 及 *** 表示在 1%、5% 及 10% 的显著性水平下通过检验。

　　将表 5 - 10 中稳健性检验的结果和基准回归结果进行对比，可以发现全样本中解释变量的回归系数在数值大小和显著性与基准回归出现差异，其符号基本与基准回归的结果保持一致。个别变量的显著性有所不同，原因是不同解释变量对河南数字普惠金融发展的覆盖广度、使用深度和数字化程度三个方面的作用效果不同，因此表现为显著性的差异。总体而言，实证结果是稳健的。

（4）实证结果分析

根据表 5－8 和表 5－9 的回归结果分别对全样本数据和四个经济板块的分样本数据进行回归结果分析，得到以下结论。

第一，全样本回归结果分析。从经济因素的角度来看，传统金融发展水平（TFD）、经济发展水平（ED）两个变量的系数均显著为正。这验证了前文的假设 H1 和假设 H2 是正确的，即在传统金融发展水平高的县区，会有相对较高的数字普惠金融发展水平；在经济发展水平高的县区，数字普惠金融的发展水平较高。产业结构（IS）的系数为正但不显著，不符合前文的假设 H3，即产业结构高的县区同样有着较高的数字普惠金融发展水平。说明了产业结构的优化能够对数字普惠金融在县域地区的发展产生正向作用，但是效果并不显著，可能因为本书中使用第三产业的产值占总产值的比重来表示产业结构，而第三产业的内涵丰富，不仅含有金融业、信息传输业、计算机服务和软件业等与数字技术联系紧密的行业，还有房地产业、交通运输和零售业等与数字技术和普惠金融关联甚少的行业，选用第三产业总产值进行分析会减弱关联紧密的行业对数字普惠金融的促进效果，因而呈现出的系数为正不显著。

从社会因素的角度来看，城镇化水平（UL）系数显著为正，符合假设 H5，城镇化水平对数字普惠金融在河南县区的发展中起到正向促进作用。政府的扶持力度（GS）和人口密度（CPD）的系数均为正但不显著，这与前文的假设 H4 和 H6 基本一致，究其原因，数字普惠金融不仅是需要政府力量打通"最后一公里"，更是运用数字信息技术扩大覆盖范围的新型金融模式，需要数字技术企业和金融企业的合作来实现，政府对这一过程进行过多干预反而会影响数字普惠金融的发展，产生负向作用。然而由于河南省县区的数字普惠金融发展水平仍处于较低的水平，金融发展状况一般，深度融合促进数字普惠金融发展的措施需要政府的推动，因此尽管政府过度干预可能会影响数字普惠金融的发展，但影响甚微。人口密度的增加说明人口数量上升，潜在用户增多，可通过扩大覆盖广度提高数字普惠金融的总指数水平，虽有正向作用，但影响甚微。

从居民个体特征因素的角度来看，居民个人的收入水平（IL）的系数为正且显著，验证了前文的假设 H8，说明收入水平和河南省县区的数字普惠金融发展水平呈正相关的关系，提高居民的收入有助于提高该地区的数字普惠金融发展。人口受教育水平（ELP）的系数为正但不显著，这与前文的假设 H7 不完全符合，说明人口受教育水平的提高能够对数字普惠金融的发展起到促进作用，但不显著。

第二，分地区的样本结果分析。观察四个经济板块的回归结果，可以发现中原经济地区与全地区的样本数据回归分析结果基本一致，豫北经济区、豫西豫西南经济区和黄淮经济区的回归结果与全地区的回归模型结果有所不同，因此针对不同地区和整体结果存在差异的地方进行分析说明。

从豫北经济区来看，传统金融发展水平（TFD）、经济发展水平（ED）、和产业结构（IS）的系数符号与全样本相同，但均不显著，说明这三个变量在豫北经济区的数字普惠金融发展中所起的作用并不显著。政府扶持力度（GS）的系数符号为正但不显著，与前文的假设 H4 一致，结合豫北地区的实际情况分析，究其原因可能是位于豫北经济区的安阳市、鹤壁市和濮阳市等城市的产业结构大体相同，二三产业占比较重，地方政府的财政支出偏向二三产业，政府制定政策的倾向和扶持的力度加大，有助于提高豫北经济区数字普惠金融的发展。

从黄淮经济区来看，传统金融发展水平（TFD）、经济发展水平（ED）、城镇化水平（UL）的系数符号均与全样本的回归结果保持一致，但个别不显著，说明这些变量不能对黄淮经济区的数字普惠金融发展起到明显的促进作用。人口密度（CPD）的符号为负且显著，不符合假设 H6，因为一方面黄淮经济区距离郑州市较远，省会城市的辐射作用较小；另一方面，黄淮经济区地形以平原为主，河流众多，形成密布的河网，农业发展条件优越，第一产业从业人数较多。人口密度提高说明人口增多，农户数量增加，然而农民仍游离于数字普惠金融的目标群体之外，其数量的增加不能促进数字普惠金融的发展。

从豫西豫西南经济区来看，传统金融发展水平（TFD）、经济发展水平（ED）、城镇化水平（UL）这三个变量的系数符号均与全样本的回归结果保持一致，但不显著。说明这几个方面的提高可以促进数字普惠金融的发展水平，但收效甚微。政府扶持力度（GS）的系数为负但不显著，不符合假设 H4。其原因可能在于豫西豫西南经济区内的三门峡市和南阳市拥有较为丰富的煤炭、有色金属资源，有一定的工业发展基础条件，政府财政支出倾斜支柱产业，即第一产业和第二产业，对金融行业关注较少，因此该指标与县域数字普惠金融呈现反向作用关系。

第6章　河南数字普惠金融新格局支持实体经济高质量发展实证分析

6.1　模型设定

6.1.1　探索空间加权方法

空间权重矩阵是经常性被用作空间计量的模型,它是一种观察和测量空间单位相对位置和空间依赖性的方法。影响空间依赖程度的重要因素是距离,距离越近,则其空间相关性越大。此外,距离并不是影响空间依赖性的唯一因素,社会经济发展的背景和原始基础的相似性也是影响因素。如果空间权矩阵用 W 表示,则一般形式为:

$$\boldsymbol{W}_{ij} = \begin{bmatrix} w_{11} & w_{12} & \cdots & w_{1n} \\ w_{21} & w_{22} & \cdots & w_{2n} \\ \vdots & \vdots & & \vdots \\ w_{n1} & w_{n2} & \cdots & w_{nn} \end{bmatrix}$$

上式中,$\boldsymbol{W}_{ij}$ 为权重矩阵,w_{ij} 为空间距离,i、$j=1$、2、$\cdots$,n,n 为区域数。

目前,所简述的空间权重矩阵,大致包括以下三种:

第一,在地理空间邻近结构特征的基础上,利用 Rook 授权方法,构建地理空间权重矩阵,在 i 和 j 这种主要相邻观测单元具有一致的地理界限时,$\boldsymbol{W}_{ij}=1$,否则 $\boldsymbol{W}_{ij}=0$。

第二,以空间距离为基数构建权值矩阵,通常把两个观测点的距离倒数视为 W 的来源,也就是使用笛卡尔距离来描述,当 $i=j$

时，$\boldsymbol{W}_{ij} = 0$。

第三，基于两个地方之间的距离和其相关的经济发展状况，从而建立一个基于社会经济差异的权重矩阵。

基于上述构建空间权重的方法可知，本章将莫兰指数用于河南省实体经济高质量发展的整体空间自相关检验分析是十分必要的，公式如下：

$$I_{\mathrm{M}} = \frac{\sum\limits_{i=1}^{n}\sum\limits_{j=1}^{n}\boldsymbol{W}_{ij}(U_i - \overline{U})(U_j - \overline{U})}{S^2 \sum\limits_{i=1}^{n}\sum\limits_{j=1}^{n}\boldsymbol{W}_{ij}}$$

上式中 S^2 为样本方差，n 为区域数，$\boldsymbol{W}_{ij}$ 为权重矩阵，U_i、U_j 为样本值，$\overline{U}$ 为样本均值。

构建空间矩阵时，基于距离原理和项圈原理，通过对上述三种构建方法综合对比，本章将选择第二类矩阵，也就是具有笛卡尔距离的空间加权矩阵，$[-1, 1]$ 被用来描述莫兰指数取值区域。在进行指标空间相关性检验时，莫兰指数绝对值愈高，则表示各指标变量的空间相关性愈强；当指数为正值时，说明各个指标变量之间具有正空间相关性，各市域之间呈现出空间聚集性趋势；当指数为负值时，表示各指标变量具有负空间相关性，各市域之间呈现出空间离散性趋势；指数为 0 时，各市域之间不存在空间相关性。

6.1.2　空间计量模型配置

空间计量经济模型的功能在于对数字普惠金融在不同发展空间中的依存程度与异质性进行分析。由于普惠金融包含多种指标，因此，在不同空间单元次级指标的变动下，空间依存程度可以更好地反映出各空间要素对因变量的相似影响。由于空间效应分配理论依据不同，因此，较为典型的空间计量模型可分为三种：

第一，空间滞后模型（SLM），此模型主要介绍了各类自变量之间关联着的内生性相互作用，此模型最大的效果便是可以检测到自变量之间存在着的某种内生性联系。此模型的公式表示为：

$$y_{ij} = \rho \sum_{j=1}^{n} \boldsymbol{W}_{ij} \, y_{jt} + \beta x'_{it} + \mu_i + \lambda_i + \varepsilon_{it}$$

上式中，y_{ij} 代表被解释变量，x'_{it} 为解释变量，ρ 代表空间自相关系数，$\boldsymbol{W}_{ij}$ 代表权重矩阵，β 代表解释变量的回归系数，μ 和 λ 分别代表个体效应和时间效应，ε 代表随机扰动项。

第二，空间误差模型（SEM），此模型与上述模型相比较，主要用来表明除自变量外的误差项的交互性，检测到排除掉自变量之后的其他误差变量之间的相互交叉影响，以更好地分析自变量所带来的作用效果。此模型的公式表示为：

$$\begin{cases} y_{it} = \beta x'_{it} + \mu_{it} + \mu_i + \lambda_i \\ u_{it} = \rho \sum_{j=1}^{n} \boldsymbol{W}_{ij} \, y_{jt} + \varepsilon_{it} \end{cases}$$

上式中，y_{it} 代表在 t 时间区域的 i 的被解释变量，x'_{it} 表示空间维度的解释变量，其他变量和上述一致。

第三，空间杜宾模型（SDM），此模型对 SEM 的不足之处进行了修改，以建立一个物种模型，保留原有模型的可取之处，并在此基础上，对原（SEM）模型加以改善，使其在添加了新效用功能的同时，还能兼顾被解释变量的空间滞后项，在此基础上更好地解释自变量的变动对因变量的影响效果。此模型的公式表示为：

$$y_{it} = \rho \sum_{j=1}^{n} \boldsymbol{W}_{ij} \, y_{jt} + \beta x'_{it} + \theta \sum_{j=1}^{n} \boldsymbol{W}_{ij} x_{jt} + \mu_i + \lambda_i + \varepsilon_{it}$$

上述公式中的 y_{it} 代表在 t 时间区域 i 的被解释变量，x_{it} 表示空间维度的解释变量，$\boldsymbol{W}_{ij}$ 则是一个空间权重矩阵，ε_{it} 作为随机误差项，λ_i、μ_i 分别表示空间效应和时间效应，ε 代表随机扰动项。

在此基础上，将三种不同的空间计量模型进行对比，结果表明：空间杜宾模型所包含的特性最广泛，能够更好地说明研究中的因果关系。Anselin（1988）指出，当空间滞后项的相关系数 ρ 不等于 0 时，它的回归系数会产生一定的偏离，而全局效应的分解可以较好地反映出解释变量对被解释变量的作用效果。利用空间偏微分法，将其划分为直接溢出和间接溢出效应，但是使用此方法进行研究时，存在取样次数较多，计算过程较烦琐的问题。本章是在 LeSage 和 Pace 的"偏微分"算法基础上进行研究。其表达式为：

$$[I - \rho w]^{-1} = I + \rho w + \rho w^2 + \rho w^3 + \cdots + \rho w^n$$

6.2 数据来源与变量选取

6.2.1 数据来源

为探讨数字普惠金融对河南实体经济高质量发展的重要作用，选取 2011—2020 年河南省各地区面板数据作为初始样本展开分析。数字普惠金融指数主要节选自"北京大学数字普惠金融指数"提供的河南省经济高质量发展指数及个人调研资料数据，河南省经济高质量发展指数基于前文测算结果，其余数据源于《河南省统计年鉴》、wind 数据库及个人调研结果等。

6.2.2 变量选取

第一，被解释变量。实体经济高质量发展指数，选取 2011—2020 年河南省各市实体经济高质量发展指数作为因变量，用 Dep 表示。

第二，核心解释变量。数字普惠金融总指数，该指标以原有普惠金融指标作为主要指标体系，将信用化、移动化等指标特征引入创新型数字普惠金融指标体系中，并以普惠金融的覆盖广度、数字化程度、使用深度三个维度来衡量数字普惠金融综合指数，用 $Difi$ 表示。

第三，中介变量金融科技指数。该指标以河南省数字普惠金融指数中的一级指标"数字化程度"进行表示。此指标包含"移动性""实惠性""信用性""便利性"四个次级指标，用 Fin 表示。

金融发展水平指数。以河南省数字普惠金融指数一级指标"使用深度"进行描述。这一指标主要包含六大金融交易业务，分别为支付交易、货币基金业务交易、信贷交易、保险交易、投资交易和信用交易，用 $Finance$ 表示。

人力资本水平指数。指标来源于河南省数字普惠金融"覆盖广度"一级指标指数，由于需要促进普惠金融政策，因此人力资本水平指标十分重要，不同地区的人力资本水平指数大相径庭。因此，将其数据进行对数变换处理，用 $LnHR$ 表示。

第四，控制变量。政府支出规模，政府支出主要包括所有地区的扶持性政策支出、特别支出、其他支出以及国有企业方案的损失补贴。它与司法管辖区人口的关系是政府收入和支出水平的对比。这个数据是作为控制变量来表示，其目标是研究存在外部政府干预的情况下对河南省实体经济高质量增长的影响，用 Gov 表示。

人均固定资产投资水平。以河南省各大主要金融机构的固定资产投资总额进行表述，其与河南省各市人口比值是人均固定资产投入水平的计算方式，用 $Investment$ 表示。

城镇化程度。以城镇人口和总人口的比值来表示，因为两者的数据存在明显差别，所以在进行计算时，将其数据进行了对数化处理，用 $LnUrb$ 表示。

对外开放程度。河南省各市对外开放程度，是用各市对外贸易进出口总额与 GDP 的百分比进行度量，用 Trd 表示。

产业结构升级。以二三产业总和与各市 GDP 比率作为河南省各市产业结构升级水平的度量方式，用 Isu 表示。

税负水平。河南省各市的税负水平是衡量本市经济发展水平的关键因素之一，其计算方式为各市税收收入与各市 GDP 的比值，以 Tax 表示。各指标描述性统计结果，如表 6-1 所示。

表 6-1 各指标描述性统计结果

Variables	均值	标准差	最大值	最小值
Dep	0.345	0.152	0.89	0.11
$Difi$	169.845	69.840	300.468	23.88
Fin	213.539	80.638	314.138	41.4
$Finance$	162.724	68.164	269.530	27.07
$Ln HR$	1.533	0.517	3.360	0.149
Gov	0.174	0.145	0.153	0.066
$Investment$	0.484	0.253	0.649	0.031
$Ln Urb$	0.587	0.152	0.834	0.260
Trd	0.245	0.345	2.163	0.025
Isu	2.045	2.555	15.537	0.465
Tax	0.045	0.013	0.096	0.054

6.3 实证分析

6.3.1 空间相关检验

鉴于河南省各市之间实体经济高质量发展程度存在空间相关性，本章把莫兰指数用实体经济高质量发展的整体空间自相关检验，对河南省 2011—2020 年各市县实体经济发展指标进行空间相关性检验，如表 6-2 所示。

表6-2 河南省实体经济发展空间相关性检验结果

年份	I_M	Z 得分	P 值
2011	0.232 6	2.298 9	0.000
2012	0.220 3	2.267 5	0.001
2013	0.254 3	2.634 5	0.000
2014	0.276 7	2.897 6	0.000
2015	0.323 1	3.335 6	0.000
2016	0.356 4	3.458 9	0.001
2017	0.372 9	3.658 9	0.000
2018	0.391 5	3.761 2	0.002
2019	0.402 3	4.013 7	0.000
2020	0.432 9	4.164 8	0.000

从表6-2的 P 值可以看出，样本中各项指标的莫兰指数均达到99%的置信水平。表明河南省各市经济发展水平在空间上呈现出明显的聚集上升态势，并且其相关性不断提高。

6.3.2 模型的选取

从上述变量的定义和模型的可适用性角度考虑，在不考虑河南省数字普惠金融空间效应的情况下，建立了以下基础模型：

$$Dep_{it} = \beta_0 + \beta_1 Fin_{it} + \beta_2 Finance_{it} + \beta_3 LnHR_{it} + \beta_4 Gov_{i,t-1} +$$
$$\beta_5 Investment_{i,t-1} + \beta_6 Urb_{i,j-1} + \beta_7 Trd_{i,j-1} + \beta_8 Isu_{i,j-1} +$$
$$\beta_9 Tax_{i,j-1} + \mu_i + \lambda_i + \varepsilon_{it}$$

上式中，Dep_{it} 代表第 t 年第 i 个城市实体经济高质量发展指数，β_j（$j=0$，1，…，9）代表相应变量的估计系数，空间效应和时间效应分别用 μ_i 和 λ_i 表示，而随机误差项则用 ε_{it} 表示。

实证分析需要判断三种不同空间计量模式对本研究的适用性。首先采用拉格朗日乘数进行测度，以检验所要引进的空间变量，结果表明，拉格朗日乘数法在测量中，无论是在时间上还是空间上进行测验都十分重要。在实证分析过程中，发现空间杜宾模型（SDM）既不能退化为空间滞后模式（SLM），也不能向空间误差模式（SEM）退化。在此基础上，选择空间杜宾模型进行研究。

6.3.3 空间杜宾模型分析

首先，以河南省实体经济高质量发展作为被解释变量，数字普惠金融总指数则作为核心解释变量，以空间杜宾模型进行实证分析。其次，从三个维度层面：数字普惠金融覆盖范围、使用深度和数字化程度，探究其对河南省高质量发展的影响力，根据前文公式建立空间杜宾模型如下：

$$Dep_{it} = \beta_0 + \rho \sum_{j-1}^{n} W_{ij} Dep_{jt} + \beta_1 Difi_{it} + \beta_2 Gov_{i,j-1} +$$

$$\beta_3 Investment_{i,j-1} + \beta_4 Urb_{i,j-1} + \beta_5 Tax_{i,j-1} + \beta_6 Isu_{i,j-1} +$$

$$\theta_1 \sum_{j-1}^{n} W_{ij} inag_{j,i-1} + \theta_2 Gov_{j,i-1} + \theta_3 Investment_{j,i-1} +$$

$$\theta_4 Urb_{j,i-1} + \theta_5 Tax_{j,i-1} + \theta_6 Isu_{j,i-1} + \theta_7 \sum_{j-1}^{n} W_{ij} Tax_{j,i-1} +$$

$$\mu_i + \lambda_i + \varepsilon_{it}$$

$$Dep_{it} = \beta_0 + \rho \sum_{j-1}^{n} W_{ij} Dep_{jt} + \beta_1 Fin_{it} + \beta_2 Finance_{it} + \beta_3 LnHR_{it} +$$

$$\beta_4 Gov_{i,j-1} + \beta_5 Investment_{i,j-1} + \beta_6 Urb_{i,j-1} + \beta_7 Trd_{i,j-1} +$$

$$\beta_8 Isu_{i,j-1} + \beta_9 Tax_{i,j-1} + \theta_1 \sum_{j-1}^{n} W_{ij} Fin_{jt} + \theta_2 \sum_{j-1}^{n} W_{ij} Finance_{jt} +$$

$$\theta_3 \sum_{j-1}^{n} W_{ij} LnHR_{jt} + \theta_4 \sum_{j-1}^{n} W_{ij} Gov_{j,i-1} +$$

$$\theta_5 \sum_{j-1}^{n} W_{ij} Investment_{j,i-1} + \theta_6 \sum_{j-1}^{n} W_{ij} Urb_{j,i-1} +$$

$$\theta_7 \sum_{j-1}^{n} \boldsymbol{W}_{ij} Trd_{j,i-1} + \theta_8 \sum_{j-1}^{n} \boldsymbol{W}_{ij} Isu_{j,i-1} + \theta_9 \sum_{j-1}^{n} \boldsymbol{W}_{ij} Tax_{j,i-1} +$$

$$\mu_i + \lambda_i + \varepsilon_{it}$$

空间权重矩阵用 $\boldsymbol{W}_{ij}$ 表示，前一个版本控制变量数据仍可表示为该部分控制变量数值。不同城市分别用字母 i 和 j 表示，年份用 t 表示，空间效应和时间效应分别用 μ_i 和 λ_i 表示，而随机误差项则用字母 ε_{it} 表示。

第一，研究数字普惠金融在河南省实体经济高质量发展中的整体效果。考虑以往相关研究模型对本文研究的适用程度，最终选用空间杜宾效应进行实证检验，根据得出的空间杜宾回归结果，可以进一步解析数字普惠金融对河南省经济高质量发展的总体影响效应，见表 6-3 所示。

表 6-3　数字普惠金融对河南省实体经济高质量发展的空间杜宾回归

y	(1) Dep	(2) Dep	(3) Dep	(4) Dep
Main				
Digi	0.033***			
	(0.98)			
Gov	1.576 1***	1.459 7***	0.740 6***	1.115 8***
	(2.55)	(3.34)	(1.50)	(1.77)
Investment	0.102 1***	0.244 6	0.199 7***	0.186 2**
	(0.41)	(1.30)	(1.03)	(1.07)
lnUrb	0.064 8	0.134 1	0.047 9	0.624 2
	(0.18)	(1.46)	(0.52)	(0.39)
Trd	0.383 7***	0.496 4***	0.055 5	0.111 5
	(1.65)	(3.04)	(0.27)	(0.44)
Isu	0.383***	0.450***	0.030***	0.029***
	(0.94)	(1.60)	(0.08)	(0.09)
Tax	−0.201 1	−0.628 0***	−0.779 7*	−0.743 7**
	(−0.46)	(−0.46)	(−0.90)	(−0.26)
_Cons	0.566 8***	0.401 7	0.618 7***	1.141 1**
	(5.82)	(4.07)	(4.94)	(6.38)

（续）

y	(1) Dep	(2) Dep	(3) Dep	(4) Dep
Wx				
Digi	0.312***			
	(1.57)			
Gov	0.299 7***	0.362 1***	0.139 5	0.218 1*
	(2.89)	(3.78)	(1.47)	(1.96)
Investment	0.015 9**	0.054 3	0.038 5***	0.038 3
	(0.44)	(1.59)	(1.13)	(1.25)
lnUrb	0.126 2	1.247 8*	0.738 9	0.614 2
	(0.18)	(1.57)	(1.06)	(0.87)
Trd	0.054 2	0.102 1**	0.025 7	0.004 8***
	(1.13)	(2.19)	(0.63)	(0.09)
Isu	0.004 6***	0.009 6	0.001 6	0.001 9**
	(0.74)	(1.60)	(0.25)	(0.32)
Tax	−2.351 4	−5.397 5***	−3.608 2*	−3.669 1**
	(−1.48)	(−3.67)	(−1.87)	(−2.33)
Spatial				
Rho	0.790 3***	0.726 3***	0.792 1***	0.795 0***
	(16.07)	(12.64)	(15.96)	(16.02)
Variance				
Sigma2 _ e	0.000 7***	0.000 7***	0.000 7***	0.000 7***
	(9.00)	(9.06)	(8.99)	(8.98)

注：***、**、* 分别表示 1%、5%、10% 的显著性水平。

表 6-3 表明，数字普惠金融在河南省实体经济高质量发展中起到积极的推动作用。在分析空间回归得出的具体系数时发现，数字普惠金融总指数系数是 0.033，且通过了 1% 的显著检验，可以说明，河南省数字金融指数每提高 1%，实体经济高质量发展效益就会增加 0.1 个百分点。在分析控制变量对河南省实体经济高质量发展的影响中发现，Tax 显示税率变化对经济高质量发展抑制效

应较为明显，该指标同样通过了1‰的显著性检验，表明过高的税负不仅会增加企业运营的生产成本，而且会使企业在国际贸易交往中丧失价格优势，从而影响到国外市场的开拓和维护；同时，由于税负过高，也不利于充分发挥企业的创造力，不利于激发企业创新潜力。

Trd 以及 Isu 回归系数为正，且 Isu 系数显著，通过了1‰的显著性检验，说明实现河南省实体经济高质量发展要以产业结构转型作为重要前提。政府支出规模（Gov）不断扩大时，对河南省实体经济的高质量发展具有显著促进作用，且该指标通过了1‰的显著性检验，实体经济高质量发展是近几年才被提出来的一个新概念，因为其发展时间短，企业和个人在追求自身利益时，对新发展内涵缺乏足够的认识，因此，政府介入可以起到很强的约束作用，从而推动河南省实体经济高质量、稳定发展。

基于上述回归分析，河南省实体经济高质量发展中数字普惠金融空间溢出效应显著，其自身的空间溢出效应更为显著，数字普惠金融的核心特征是金融普惠性，利用数字技术重新分配金融资金，使得在数字普惠金融发展过程中，具有更加优化的配置效率，从而弥补企业只关注利润层面的缺陷，引导资金由虚转实，真正实现实体经济的发展壮大，进而促使河南经济高质量发展。

第二，中介变量对河南省实体经济高质量发展的作用效果。在基本了解数字普惠金融总指数对河南省实体经济高质量发展的影响后，再对其影响效果进行进一步细化研究，从数字普惠金融覆盖广度、使用深度、数字化程度三个维度，对河南实体经济高质量发展影响效应展开剖析，采用空间杜宾回归模型进行探究，其回归结果如表6-4所示。

表 6 - 4　数字普惠金融三个维度对河南省实体经济高质量发展的影响

y	(1) Dep	(2) Dep	(3) Dep	(4) Dep
Main				
Fin	0.218***			
	(0.98)			
Finance		0.159***		
		(3.14)		
Ln HR			0.097***	
			(1.03)	
Gov	0.299 7***	0.362 1***	0.139 5***	0.218 1***
	(0.89)	(0.78)	(0.47)	(0.96)
Investment	0.015 9***	0.054 3***	0.038 5***	−0.038 3***
	(0.44)	(0.59)	(0.13)	(−0.25)
ln*Urb*	0.126 2*	0.247 8	0.738 9	0.614 2
	(0.18)	(0.57)	(0.06)	(0.87)
Trd	0.054 2	0.102 1	−0.025 7	0.004 8
	(0.13)	(0.19)	(−0.63)	(0.09)
Isu	0.046***	0.096***	0.016***	0.019***
	(0.74)	(0.60)	(0.25)	(0.32)
Tax	−0.351 4	−0.397 5***	−0.608 2*	−0.669 1**
	(−0.48)	(−0.67)	(−0.87)	(−0.33)
_*Cons*	0.574 8***	0.301 7***	0.598 7	0.411 5**
	(5.72)	(3.07)	(4.58)	(5.38)
Wx				
Fin	0.159***			
	(0.44)			
Finance		0.147**		
		(1.57)		
Ln HR			0.125*	
			(0.63)	
Gov	0.015 9**	0.054 3	0.038 5***	0.038 3
	(0.44)	(1.59)	(1.13)	(1.25)
Investment	0.126 2	1.247 8*	0.738 9	0.614 2
	(0.18)	(1.57)	(1.06)	(0.87)

（续）

y	(1) Dep	(2) Dep	(3) Dep	(4) Dep
lnUrb	0.299 7	0.362 1	0.139 5	0.218 1*
	(2.89)	(3.78)	(1.47)	(1.96)
Trd	0.004 6***	0.009 6	0.001 6	0.001 9**
	(0.74)	(1.60)	(0.25)	(0.32)
Isu	0.054 2	0.102 1**	0.025 7	0.004 8***
	(1.13)	(2.19)	(0.63)	(0.09)
Tax	−1.351 4	−3.387 5***	−3.598 2*	−3.891 5**
	(−1.48)	(−3.67)	(−1.78)	(−2.03)
Spatial				
Rho	0.860 3***	0.672 3***	0.557 8***	0.659 0***
	(15.07)	(13.64)	(12.96)	(17.02)
Variance				
Sigma2 _ e	0.000 7***	0.000 7***	0.000 7***	0.000 7***
	(9.01)	(8.96)	(8.69)	(8.78)

注：***、**、*分别表示1%、5%、10%的显著性水平。

从回归结果来看，数字普惠金融三个维度系数均为正，且都通过了1%的显著性检验，表明河南实体经济发展与数字普惠金融发展具有明显正向相关性。同时，从空间回归结果看出，数字普惠金融各维度指标对河南省实体经济高质量发展亦存在空间溢出效应，金融科技水平指数溢出效果最为明显，且通过1%的显著性检验，说明数字普惠金融发展对河南省实体经济高质量溢出效应是最明显的。金融科技、金融发展水平和人力资本投资水平在回归中均显示具有自身空间溢出效应，故对此回归模型进行空间溢出效应分解显得尤为重要。

从表6-4的分维度空间杜宾模型分析的数据结果可知，金融科技水平指数回归系数为0.218，表明如果提高1%的金融科技发展水平，河南省实体经济高质量发展水平就会相应提高0.218%左右。同样的，回归结果显示，金融服务发展水平、人力资本发展成本回归系数分别为 0.159、0.097，提升 1%的金融服务发展水平或人力资本投资水平，河南省实体经济高质量发展指数随之上涨0.159%或 0.097%左右。控制变量中，政府支出规模、人均固定资产投资水平的系数均为正，二者在空间回归分析中，均通过 1%的显著性检验，表明河南省实体经济高质量发展在两种指标的作用下会呈现显著促进作用，$Ln\,Urb$ 和 Isu 系数同样呈现出正相关作用，但 Isu 显示通过 1%的显著性检验，与上述总回归中的结果相对应，这也就表明实体经济高质量发展需将产业结构升级作为重点考虑因素，相对于产业结构升级指标来说，Trd 与之关联度表现则较平淡。但控制变量中 Tax 则呈现出相反结果，表明税负水平对河南省实体经济高质量的发展具有阻碍作用。

6.3.4　空间溢出效应分解

空间杜宾回归检验证明了数字普惠金融发展水平对河南省实体经济高质量发展存在显著的空间溢出效应，为了避免回归系数的偏差，需要对以上回归结果进行空间效应分解。利用上述"偏微分法"进行效应分解，得出显示的直接效应、间接效应和总效应。空间杜宾模型效应分解结果如表 6-5 所示。

表 6-5　空间杜宾模型效应分解结果

	直接效应	间接效应	总效应
$Digi$	1.769 8***	2.379 4***	4.149 2***
	(2.86)	(2.23)	(4.34)
Fin	1.452 9**	2.286 5***	3.739 4**
	(1.64)	(4.21)	(5.85)
$Finance$	0.416 5***	2.561 0***	2.977 5***
	(1.28)	(3.82)	(5.10)

（续）

	直接效应	间接效应	总效应
Ln HR	0.059 8**	0.786 6**	0.846 4**
	(0.21)	(1.73)	(1.94)
Gov	0.582 5**	−0.458 3	0.124 2**
	(1.05)	(−1.89)	(0.75)
Investment	0.289 8*	−0.072 5**	0.217 3**
	(0.38)	(−0.17)	(0.21)
Ln Urb	0.431 9**	0.168 0***	0.599 9***
	(0.33)	(0.17)	(0.50)
Trd	0.070 5	0.031 4	0.101 9
	(0.11)	(0.08)	(0.19)
Isu	1.650 7**	0.682 9***	2.333 6***
	(1.78)	(0.97)	(2.75)
Tax	−0.732 1*	−1.218 0	−1.950 1*
	(−0.96)	(−1.07)	(−2.03)

注：***、**、*分别表示1%、5%、10%的显著性水平。

表6-5显示，河南省实体经济发展中数字普惠金融总指数直接、间接溢出效应均通过1%的显著性检验，且数值分别为1.769 8、2.379 4，总效应水平高达4.149 2，金融科技发展指数、金融水平发展指数和人力资本指数无论直接溢出效应还是间接溢出效应系数均为正值，均通过1%和5%的显著性检验。此数据展示了在数字普惠金融不断快速发展的情况下，对于河南省各市实体经济高质量发展具有一定的促进作用，在上述基础上促进周边市域经济水平高质量发展，且促进效果明显。在一定程度上，一部分存款贷款资金将会加大其流动范围，特别是对于一些相对落后的城市来说，这些地方性金融机构将资源主动积极地投入投资收益更高的地区，因此这些变量相对于本地区以外的溢出效果异常显著。

河南省数字普惠金融的发展和壮大带动了金融科技水平不断提升，进而对河南省实体经济高质量发展具有显著拉动作用。根据表6-5，在5％的显著性下的总效应水平可以达到3.739 4，其中直接效应更是达到了1.452 9，这一影响是在自变量中对河南省各市经济高质量发展水平增长效果贡献最大的变量。从表6-5中同样可以看出，此自变量的间接效应在1％的水平作用下数值可以达到2.286 5，这同样表明数字普惠金融发展中的金融科技水平增加1％将会使得周边市区经济高质量发展水平增长2.29％，这一自变量的间接溢出效应相较于其他自变量来说为较明显的自变量指标，这就表示在河南省其他区域发展金融科技水平的同时，本地区经济发展同样受其影响较大，应通过数据共享等一系列方式来获取该地区实体经济高质量发展的潜力。但研究结果同样展示出人力资本发展成本水平不论从两个方面的任何层面来说都对河南省实体经济高质量发展起着促进作用，如果将其直接溢出效应和间接溢出效应相比较，该地区的间接溢出效应更加明显。在所有控制变量中税负水平直接和间接效应均呈现负值，表明这一指标对河南省实体经济高质量发展具有明显的阻碍作用。

6.3.5　稳健性检验

为了保证本研究结论的稳定性，参照国内学者的研究方法，根据新发展理念对产出指标加以分类，并按照相同的投入指标，形成河南省各市实体经济高质量发展指标，即"创新效益""协调效益""绿色效益""开放效益""共享效益"五大一级指标，并以此对五大指标的被解释变量加以回归分析，以提高研究结论的稳健性。稳健性回归结果如表6-6所示。

表6-6　稳健性检验回归结果

变量	创新效益	协调效益	绿色效益	开放效益	共享效益
Digi	−0.025 5***	0.056 0***	0.282**	0.158**	0.077 7**
	(−2.62)	(3.12)	(2.31)	(2.60)	(3.65)
Gov	0.024 3	0.038 3***	−0.031 7	0.006 6	0.004 9***
	(1.06)	(1.85)	(−1.09)	(0.15)	(0.14)
Investment	0.007 7	−0.004 2	0.041 8***	0.087 6***	0.086 4
	(0.93)	(−0.55)	(4.30)	(5.98)	(3.41)
Ln Urb	0.001 9**	0.015 0*	−0.031 3***	−0.029 7*	0.067 8*
	(0.24)	(1.97)	(−3.20)	(−1.91)	(1.88)
Trd	0.011 4	0.018 1	0.011 6	0.054 2**	−0.012 7
	(0.83)	(1.46)	(0.66)	(2.03)	(−0.09)
Isu	0.002 9**	0.003 2*	−0.004 8*	0.005 1	−0.038 6**
	(1.37)	(1.66)	(−1.89)	(1.45)	(−1.03)
Tax	−0.204 5	−0.983 6***	1.941 2***	2.029 9***	−0.114
	(−0.58)	(−2.90)	(5.45)	(3.84)	(−2.24)
_ Cons	−0.766 8***	0.401 7	−0.718 7***	−1.241 1**	3.002 1
	(−6.82)	(4.07)	(−4.94)	(−6.38)	(0.66)

注：***、**、*分别表示1%、5%、10%的显著性水平。

表6-6显示了河南省实体经济高质量发展五大指标在数字普惠金融各指标发展影响下的回归结果。从表中可以看到，实体经济高质量创新效率的回归系数呈现出负值，其他四个指标系数均显示为正，而且都表明通过1%和5%的显著水平，从新发展理念来检验本研究的结论是否可靠。就创新角度而言，数字普惠金融可缓解信息不对称，且可通过投资双方的资金水平进行精准匹配，降低企业融资成本，促进企业在技术创新和研发上的资金投入，实现在创新层面的经济高质量发展。但是，它与创新效率指标的传导链太过冗长，造成了二者之间因果关系异常，从而出现系数为负的结果。数字普惠金融是一种新型的协同经营模式，可提供数字跨境结算平

台服务和风险管控机制、提高对外开放水平、提升金融参与者效用、改善经济福利分配制度，数字普惠金融以其核心普惠性，可以促进河南省各产业之间的协调、开放和共享发展，以实现实体经济的高质量发展。

第7章　研究结论与政策建议

7.1　研究结论

7.1.1　河南数字普惠金融发展趋势良好但渐显疲软

在相关基础条件支持下，河南省数字普惠金融发展势头良好，发展水平不断提升。在金融运行体量不断增大的背景下，河南在政策支持、数字化基础建设等方面的布局逐渐完善，为数字普惠金融营造了良好的发展环境。为降低各地数字普惠金融发展水平的差异程度，河南省建立多个数字普惠金融试验区，打造数字普惠金融特色区域，在统筹区域协同发展、服务弱势群体等薄弱环节的建设方面取得了一定成果。从时间的角度分析，在研究期间河南省数字普惠金融指数大体上呈现上升的趋势，然而增长速度在逐渐减慢，呈现略显疲软的态势。

7.1.2　河南数字普惠金融存在显著的区域差异

通过对空间分布格局的演化进行分析可知，河南省数字普惠金融发展呈现一定的集聚现象，区域差异显著。其中"高-高"和"低-低"集聚占多数。中原经济区的数字普惠金融发展水平处于省内领先位置，是热点区，其以省会郑州市为集聚中心向外辐射；豫北经济区和豫西豫西南经济区因距离中原地区较远，较难受到其带动效应的影响，虽然数字普惠金融水平普遍偏低，但个别地区表现良好；黄淮经济区整体数字普惠金融发展水平较低。

7.1.3 影响河南数字普惠金融发展的因素多样化

传统金融发展水平、经济发展水平、人口受教育水平、收入水平对河南省整体及四大经济区的数字普惠金融发展有不同程度的促进作用。城镇化水平的提高可以显著促进中原经济区的县域数字普惠金融发展水平；政府扶持力度对豫北经济区数字普惠金融有促进作用；人口密度对黄淮经济区的数字普惠金融发展有反向抑制影响。因地理位置、支柱产业和政府倾向等方面的差异，对不同经济区数字普惠金融发展，不同指标的影响作用表现具有差别性。

7.1.4 数字普惠金融在河南实体经济发展中起到积极作用

河南省数字普惠金融发展水平，在河南省实体经济高质量发展中产生重要的空间溢出效应，其自身的空间溢出效应也比较明显，说明河南省实体经济高质量的发展与数字普惠金融发展水平存在着明显的正相关性。基于新发展理念中所包含的五个维度的效率指标进行稳定性检验，其检验结果同样支持数字普惠金融可明显促进河南省实体经济高质量发展这一论断。进一步验证数字普惠金融三个维度（覆盖广度、使用深度、数字化程度）对河南省实体经济高质量发展的影响，结果显示，数字普惠金融三个维度均对河南省实体经济高质量发展具有促进效果，其中，数字普惠金融数字化程度对河南省经济高质量发展影响效果最为明显，金融科技水平、金融服务发展水平的提高，也带动了河南省实体经济的高质量发展。

7.2　政策建议

7.2.1　制定全省数字普惠金融整体发展规划

　　第一，河南省政府应纵览省内数字普惠金融发展水平存在的差异，制定相关政策。鼓励数字普惠金融发展水平高的地区积极探索新的发展模式，并将经验和成果进行推广。第二，出台相关扶持政策，完善数字普惠金融发展低水平地区的相关基础设施建设，引导金融人才、优质资金和新兴普惠金融产品等进入低水平地区，降低地区之间的差异程度。第三，根据各区县地理位置、空间布局和资源禀赋等要素，结合当地数字普惠金融发展现状，制定更为适宜的发展规划，推广新兴数字普惠金融发展模式。第四，河南省政府应鼓励数字技术与金融服务之间的深化融合，不断提高金融机构的数字化程度，突破数字普惠金融发展在空间和时间上的局限性，为普惠金融提供更为精确的数字化服务。

7.2.2　明确区域数字普惠金融发展定位

　　第一，中原经济区是河南省数字普惠金融发展水平较高的地区，要稳固已有的成就，加深数字技术和金融行业的结合程度，将云计算、大数据、区块链等新兴数字科技与金融业紧密结合，推动金融服务和金融产品的创新升级，使其成为河南省数字普惠金融发展的集聚中心和辐射中心。第二，豫北、豫西豫西南和黄淮经济区的数字普惠金融发展程度较为落后，要扩建基础设施，增大数字信息技术的建设范围，让居民具备接触数字金融的条件；深入挖掘和整理收集海量的用户数据，对不同领域和不同风险承受能力的用户群体进行层次划分，在能够满足用户特色金融需求基础上，进行金融产品创新，达到金融供给和需求双方的适配。

7.2.3 加强省内数字普惠金融区域合作

第一，提高郑州市对周边地市的辐射带动作用。郑州市作为省会城市，系中原经济区的中心，在地理位置、金融资源等方面拥有绝对优势。应积极促进郑州市同毗邻地市的交通设施建设和信息文化交流，以郑州市为核心，加强对洛阳市、开封市等周边城市的扶持，在中原经济区内形成大范围的中心发展区，并逐步扩大辐射区域。第二，应加快郑州都市圈的建设，推进郑州市与周边城市的交通网络、创新服务平台等方面的同步发展，降低行政界限带来的局限性，加强郑州市与低水平地区之间的资源流动、人才互通以及经济联系，积极推进金融要素的合理分配，为数字普惠金融保持良好发展趋势提供内在驱动力。第三，强化周边城市与郑州市的合作。与郑州市相邻城市应充分考虑自身的地理特征，及时把握数字普惠金融发展的最新动向，积极学习郑州市的成功经验，积极开发和引入适合低收入群体或其他层次个体的数字普惠金融服务模式，促进河南省实体经济持续、高效、高质的发展。第四，加强市县之间的合作交流。为了提高河南省整体数字普惠金融发展水平，应倡导各地市、各县域之间的学习与交流。推出县区合作的支持政策，鼓励县区之间自主交流，构建县区网络平台，加强县区内的相互学习，共享数字普惠金融的发展成果和成功经验，从而实现规范有序、优势互补的协同发展目标。

7.2.4 推动数字普惠金融服务效率提升

第一，以推进城镇化进程为契机，扩大全省金融机构业务服务覆盖广度，进一步完善市县网络通信基础设施建设，提高偏远地区的通信服务水平。第二，扩大金融机构在支付、保险、融资、信贷和其他金融活动方面的参与范围，增强对欠发达地区金融服务意识的培训，加深该地区对金融服务的深刻认识。第三，省内企业应着力提升内部金融数字化程度，提高企业金融服务可及性，集中精力做好基础设施建设、平台搭建、完善培训机制等一系列工作，切实提升数字普惠金融的服务效率。

参 考 文 献

白钦先，张坤. 再论普惠金融及其本质特征 [J]. 广东财经大学学报，2017
　　(3): 39 - 44.

陈安平. 集聚与中国城市经济韧性 [J]. 世界经济，2022 (1): 158 - 181.

陈丽珍，赵昕东. 人口老龄化和收入不平等对消费结构的影响：基于三种类
　　型消费视角 [J]. 哈尔滨商业大学学报（社会科学版），2022 (1): 74 - 85.

程世越. 西部农村普惠金融对城乡融合发展的影响研究 [D]. 成都：四川大
　　学，2021.

邓振姣，向静，陈琳. 关于普惠金融的相关文献综述 [J]. 思想战线，2013
　　(1): 104 - 107.

董晓林，等. 金融科技发展能够帮助小微企业度过危机吗：基于新冠肺炎疫
　　情的准自然实验 [J]. 经济科学，2021 (6): 73 - 87.

董晓林，张晔. 自然资源依赖、政府干预与数字普惠金融发展：基于中国 273
　　个地市级面板数据的实证分析 [J]. 农业技术经济，2021 (1): 117 - 128.

董玉峰，赵晓明. 负责任的数字普惠金融：缘起、内涵与构建 [J]. 南方金
　　融，2018 (1): 50 - 56.

杜强，潘怡. 普惠金融对我国地区经济发展的影响研究：基于省际面板数据
　　的实证分析 [J]. 经济问题探索，2016 (3): 178 - 184.

杜晓山. 小额信贷与普惠金融体系 [J]. 中国金融，2010 (10): 14 - 15.

段鑫，李明蕊. 数字普惠金融对产业结构升级的影响分析：基于门槛模型的
　　实证研究 [J]. 青海金融，2020 (12): 47 - 52.

范毅，等. 推动县域经济高质量发展的思路与建议 [J]. 宏观经济管理，
　　2020 (9): 60 - 62.

冯兴元，等. 中国县域数字普惠金融发展：内涵、指数构建与测度结果分析

［J］. 中国农村经济，2021 (10)：84 - 105.

高培勇. 理解、把握和推动经济高质量发展［J］. 经济学动态，2019 (8)：3 - 9.

葛和平，朱卉雯. 中国数字普惠金融的省域差异及影响因素研究［J］. 新金融，2018 (2)：47 - 53.

巩艳红，等. 金融发展对西藏农牧区经济增长影响的实证研究［J］. 西藏大学学报（社会科学版），2021 (4)：132 - 138.

郭峰，等. 测度中国数字普惠金融发展：指数编制与空间特征［J］. 经济学（季刊）2020 (4)：1401 - 1418.

郭晴，等. 数字普惠金融发展能促进就业质量提升吗［J］. 上海财经大学学报，2022 (1)：61 - 75.

郭田勇，丁潇. 普惠金融的国际比较研究：基于银行服务的视角［J］. 国际金融研究，2015 (2)：55 - 64.

何立峰. 深入贯彻新发展理念推动中国经济迈向高质量发展［J］. 宏观经济管理，2018 (4)：4 - 5.

贺刚，张清，龚孟林. 数字普惠金融内涵、创新与风险研究［J］. 甘肃金融，2020 (2)：31 - 35.

贺茂斌，杨晓维. 数字普惠金融、碳排放与全要素生产率［J］. 金融论坛，2021 (2)：18 - 25

胡滨. 数字普惠金融的价值［J］. 中国金融，2016 (22)：58 - 59.

胡文涛. 普惠金融发展研究：以金融消费者保护为视角［J］. 经济社会体制比较，2015 (1)：91 - 101.

黄倩，等. 数字普惠金融的减贫效应及其传导机制［J］. 改革，2019 (11)：90 - 101.

黄秋萍. 中国普惠金融发展水平及其贫困减缓效应［J］. 金融经济学研究，2017 (6)：75 - 84

黄益平，黄卓. 中国的数字金融发展：现在与未来［J］. 经济学（季刊），2018 (4)：1489 - 1502.

黄智淋，董志勇. 我国金融发展与经济增长的非线性关系研究：来自动态面板数据门限模型的经验证据 [J]. 金融研究, 2013 (7): 74-86.

江红莉, 蒋鹏程. 数字金融能提升企业全要素生产率吗: 来自中国上市公司的经验证据 [J]. 上海财经大学学报, 2021 (3): 3-18.

姜振水. 农村数字普惠金融发展与实现路径 [J]. 农村金融研究, 2017 (4): 49-53.

蒋长流, 江成涛. 数字普惠金融能否促进地区经济高质量发展: 基于 258 个城市的经验证据 [J]. 湖南科技大学学报 (社会科学版), 2020 (3): 75-84.

蒋晓敏, 等. 数字普惠金融与流动人口家庭相对贫困 [J]. 中央财经大学学报, 2022 (3): 45-58.

焦瑾璞, 等. 中国普惠金融发展进程及实证研究 [J]. 上海金融, 2015 (4): 12-22.

焦瑾璞. 构建普惠金融体系的重要性 [J]. 中国金融, 2010 (10): 12-13.

金碚. 关于"经济高质量发展"的经济学研究 [J]. 中国工业经济, 2018 (4): 5-18.

金发奇, 等. 数字普惠金融减缓相对贫困的效率研究 [J]. 金融发展研究, 2021 (1): 4-21.

李丹. 以金融创新支持高质量发展 [J]. 中国金融家, 2019 (10): 129-130.

李红, 王彦晓. 金融集聚、空间溢出与城市经济增长: 基于中国 286 个城市空间面板杜宾模型的经验研究 [J]. 国际金融研究, 2014 (2): 89-96.

李金昌, 等. 经济高质量发展评价指标体系探讨 [J]. 统计研究, 2019 (1): 4-14.

李黎明. 数字普惠金融对中国区域经济增长的影响分析 [D]. 济南: 山东大学, 2020.

李梦欣, 任保平. 新时代中国经济高质量发展的综合评价及其路径选择 [J]. 财经科学, 2019 (5) 26-40.

李明贤, 等. 县域数字普惠金融发展的空间格局演化与影响因素分析: 以湖南省为例 [J]. 经济地理, 2021 (8): 136-143.

李琼, 等. 中国普惠金融发展水平时空演变特征及影响因素 [J]. 经济地理, 2021 (9): 12-21.

李涛，等 . 普惠金融与经济增长 [J]. 金融研究，2016（4）：1－16.

李杨，程斌琪 . 金融科技发展驱动中国经济增长：度量与作用机制 [J]. 广东社会科学，2018（3）：44－52.

李优树，张敏 . 数字普惠金融发展对系统性金融风险的影响研究 [J]. 中国特色社会主义研究，2020（21）：26－34

梁双陆，刘培培 . 数字普惠金融、教育约束与城乡收入收敛效应 [J]. 产经评论，2018（2）：28－138

林春，谭学通 . 中国县域普惠金融的时空格局及影响因素 [J]. 经济地理，2021（6）：126－135.

刘惠好，等 . 跨区域经营对我国城市商业银行信用风险的影响：基于2007—2011年面板数据的实证分析 [J]. 学术论坛，2014（8）：45－61.

刘锦怡，刘纯阳 . 数字普惠金融的农村减贫效应：效果与机制 [J]. 财经论丛，2020（1）43－53.

刘喆 . 数字普惠金融发展趋势分析与建议 [J]. 现代金融导刊，2022（2）：28－33

陆凤芝，黄永兴，徐鹏 . 中国普惠金融的省域差异及影响因素 [J]. 金融经济学研究，2017（1）：111－120.

吕家进 . 发展数字普惠金融的实践与思考 [J]. 清华金融评论，2016（12）：22－25.

马超楠，等 . 城镇化背景下城市扩张模式与土地利用景观格局：以武汉市为例 [J]. 中国房地产，2021（27）：30－36.

马洪宁 . 数字化引领普惠金融之路：普惠金融的发展与趋势研究 [J]. 经济师，2018（10）：169－170.

马亚明，周璐 . 基于双创视角的数字普惠金融促进乡村振兴路径与机制研究 [J]. 现代财经，2022（2）：3－20.

马彧菲，杜朝运 . 普惠金融指数的构建及国际考察 [J]. 国际经贸探索，2016（1）：105－114

潘琪，韩廷春 . 人力资本结构对区域经济增长的差异性影响研究 [J]. 公共管理评论，2018（2）：27－46.

钱鹏岁，孙姝．数字普惠金融发展与贫困减缓：基于空间杜宾模型的实证研究 [J]．武汉金融，2019（6）：39-46.

任太增，殷志高．数字普惠金融与中国经济的包容性增长：理论分析和经验证据 [J]．管理学刊，2022（1）：23-35.

任晓燕，杨水利．技术创新、产业结构升级与经济高质量发展：基于独立效应和协同效应的测度分析 [J]．华东经济管理，2020（11）：72-80.

史诺平，等．中国金融发展与产业结构调整关系的实证研究 [J]．统计与决策，2010（3）：114-116.

宋汉光，等．金融发展不均衡、普惠金融体系与经济增长 [J]．金融发展评论，2014（5）：122-133.

孙素侠．政府干预、金融科技创新与经济高质量发展研究：基于动态博弈视角的解释 [J]．技术经济与管理研究，2021（9）：18-23.

谭燕芝，李维扬．中国农村金融排斥困境的成因与破解路径 [J]．系统工程，2016（5）：15-22.

陶磊．中国少数民族地区金融排斥研究 [D]．成都：西南财经大学，2013.

滕磊，马德功．数字金融能够促进高质量发展吗 [J]．统计研究，2020（11）：80-92.

田杰．新型农村金融机构、资金外流与乡村振兴 [J]．财经科学，2020（1）：29-41.

王凤羽，冉陆荣．数字普惠金融对缓解我国农村相对贫困的影响 [J]．中国流通经济，2022（3）：105-114.

王海燕，等．数字金融发展对家庭创业决策的影响及机制探讨 [J]．财经理论与实践，2022（2）：24-32.

王江，赵川．长江中游城市群数字普惠金融的空间关联及影响因素研究 [J]．武汉金融，2020（6）75-81.

王婧，胡国晖．中国普惠金融的发展评价及影响因素分析 [J]．金融论坛，2013（6）：31-36.

王鹏．湖北数字普惠金融发展对经济高质量发展的影响研究 [D]．武汉：武汉纺织大学，2020.

王全玉，等．普惠金融、政府干预对农民收入的影响 [J]．科技和产业，2021，21（7）：93 - 97．

王修华，赵亚雄．数字金融发展与城乡家庭金融可得性差异 [J]．中国农村经济，2022（1）：44 - 60．

王宇熹，范洁．消费者金融素养影响因素研究：基于上海地区问卷调查数据的实证分析 [J]．金融理论与实践，2015（3）：70 - 75．

王媛媛，韩瑞栋．新型城镇化对数字普惠金融的影响效应研究 [J]．国际金融研究，2021（11）：3 - 12．

魏军霞．数字普惠金融对经济高质量发展的影响研究 [D]．兰州：兰州大学，2021．

魏蓉蓉．金融资源配置对经济高质量发展的作用机理及空间溢出效应研究 [J]．西南民族大学学报（人文社科版），2019（7）：116 - 123．

谢超峰，孔蕊．金融集聚、技术进步与产业结构升级关系研究：基于中部地区样本数据的实证分析 [J]．价格理论与实践，2021（10）：177 - 180．

星焱．普惠金融：一个基本理论框架 [J]．国际金融研究，2016（9）：21 - 37．

邢乐成．中国普惠金融：概念界定与路径选择 [J]．山东社会科学，2018（12）：47 - 53．

薛莹，胡坚．金融科技助推经济高质量发展：理论逻辑、实践基础与路径选择 [J]．改革，2020（3）：53 - 62．

尹应凯，侯蕤．数字普惠金融的发展逻辑、国际经验与中国贡献 [J]．学术探索，2017（3）：104 - 111．

于晓虹，等．中国省际普惠金融发展水平综合评价与实证研究 [J]．金融论坛，2016（5）：8 - 32

俞红玫．金融地理学理论研究综述及启示 [J]．中国管理信息化，2015（10）：157 - 158．

袁晓玲，等．高质量发展下城市效率评价：来自 19 个副省级及以上城市的经验研究 [J]．城市发展研究，2020（6）：62 - 70．

张呈磊，等．数字普惠金融的创业效应与收入不平等：数字鸿沟还是数字红利 [J]．南方经济，2021（5）：110 - 126．

张焕明，等. 金融杠杆、经济增长与金融发展：基于 46 个国家面板数据的实证研究 [J]. 统计学报，2021 (6)：1-12.

张军扩，等. 高质量发展的目标要求和战略路径 [J]. 管理世界，2019 (7)：1-7.

张天，刘自强. 数字普惠金融发展的县域差异及其影响因素研究 [J]. 武汉金融，2021 (7)：27-34.

张晓燕. 互联网金融背景下普惠金融发展对城乡收入差距的影响 [J]. 财会月刊，2016 (17)：94-97.

张勋，等. 数字经济、普惠金融与包容性增长 [J]. 经济研究，2019 (8)：71-86.

张扬，等. 中国经济高质量发展水平测度与空间差异研究 [J]. 统计与决策，2022 (1)：103-107.

张亦春，王国强. 金融发展与实体经济增长非均衡关系研究：基于双门槛回归实证分析 [J]. 当代财经，2015 (6)：45-54.

张宇，赵敏. 农村普惠金融发展水平与影响因素研究：基于西部六省的实证分析 [J]. 华东经济管理，2017 (3)：77-82.

张正平，李冉. 数字普惠金融发展影响农村商业银行涉农贷款的投放吗：基于 278 家农村商业银行的实证研究 [J]. 金融教育研究，2022 (1)：3-14.

张志元，李胖. 共同富裕背景下数字普惠金融减贫有效性研究 [J]. 济南大学学报（社会科学版），2022 (1)：117-132.

赵瑾璐，等. 基于阿玛蒂亚·森视阈看"包容性增长" [J]. 内蒙古社会科学，2013 (3)：107-110.

郑雨稀，杨蓉. 数字金融促进了突破式创新还是渐进式创新 [J]. 云南财经大学学报，2022 (2)：49-69.

周超，黄乐. 数字普惠金融对区域经济高质量发展的影响研究 [J]. 价格理论与实践，2021 (9)：68-72.

周超，黄乐. 数字普惠金融对区域经济高质量发展的影响研究 [J]. 价格理论与实践，2021 (9)：168-172.

周业安. 政府在金融发展中的作用：兼评"金融约束论" [J]. 中国人民大

学学报，2000（2）：53-59.

朱东波，张相伟.中国数字金融发展的环境效应及其作用机制研究［J］.财经论丛，2022（3）：37-46.

朱明武，等.普惠金融发展的路径思考：基于金融伦理与互联网金融视角［J］.现代经济探讨，2015（1）：68-72.

Ambarkhane D，Singh A S，Venkataramani B. Developing a Comprehensive Financial Inclusion Index ［J］. Management and Labour Studies，2016（3）：216-235.

Anurag Priyadarshee，Farhad Hossain. Financial Inclusion and Social Protection：A Case for India Post ［J］. Competition & amp；Change，2010（14）：3-4.

Arora R U. Measuring Financial Access ［J］. Griffith Business School Discussion Papers Economics，2010（7）：1-21.

Bagli S，Dutta P. A Study of Financial Inclusion in India ［J］. Radix International Journal of Economics & Business M anagement，2012（8）：1-18.

Beck T，Demirgue-Kunt A，Peria M. Reaching out：Access to and Use of Banking Services Across Countries ［J］. Journal of Financial Economics，2007（1）：234-266.

Beck，Thorsten，Demirgüç-Kunt，Asli. Access to Finance ［J］. World Bank Economic Review，2008（3）：627-651.

Bruhn M，Love I. The Real Impact of Improved Access to Finance：Evidence From Mexico ［J］. The Journal of Finance，2014（3）：1347-1376.

Cámara N，Tuesta D. Measuring Financial Inclusion：A Muldimensional Index ［J］. BBVA Research Paper，2014（9）：14-26.

Diniz E，Birochi R，Pozzebon M. Triggers and Barriers to Financial Inclusion ［J］. Electronic Commerce Research and Applications，2012（5）：484-494.

Dollar D，Kraay A. Growth is Good for the Poor ［J］. Journal of Economic Growth，2002（3）：195-225.

Galor O，Zeira J. Income Distribution and Macroeconomics [J]. The Review of Economic Studies，1993 (1)：35 - 52.

Greenwood J，Jovanovic B. Financial Development Growth and the Distribution of Income [J]. Journal of Political Economy，1990 (5)：1076 - 1107.

Helms Brigit. Access for All：Building Inclusive Financial Systems [M]. 2006 - 01 - 20.

Kama U，Adigun M. Financial Inclusion in Nigerial Issues and Challenges [J]. Central Bank of Nigeria Occasional Paper，2013 (43)：1 - 49.

Kempson H E，Whyley C M. Understanding and Combating Financial Exclusion [J]. Insurance Trends，1999 (21)：18 - 22.

Kingiri Ann Njoki，Fu Xiaolan. Understanding the Diffusion and Adoption of Digital Finance Innovation in Emerging Economies：M - Pesa Money Mobile Transfer Service in Kenya [J]. Innovation and Development，2020 (1)：891 - 914.

Klapper L，Laeven L，Rajan R. Entry Regulation as A Barrier to Entrepreneurship [J]. Journal of Financial Economics，2006 (3)：591 - 629.

Malady L. Consumer Protection Issues for Digital Financial Services in Emerging Markets [J]. Banking & Finance Law Review，2016 (2)：389 - 401.

Mandira Sarma，Jesim Pais. Financial Inclusion and Development [J]. Journal of International Development，2011 (5)：613 - 615.

Nasri W，Charfeddine L. Factors Affecting the Adoption of Internet Banking in Tunisia：An Integration Theory of Acceptance Model and Theory of Planned Behavior [J]. The Journal of High Technology Management Research，2012 (1)：1 - 14.

Ozili Peterson K.. Financial Inclusion：Globally Important Determinants [J]. Financial Internet Quarterly，2022 (4)：1 - 12.

Pan Y，Yang M，Li S，et al. The Impact of Mobile Payments on the Internet Inclusive Finance [J]. Journal of Management & Sustainability，2016 (4)：97 - 106.

Park C Y, Mercado R. Financial Inclusion, Poverty and Income Inequality in Developing Asia [J]. ADB Economics Working Paper Series, 2015 (9): 1 - 14.

Park C Y, Mercado R V. Does Financial Inclusion Reduce Poverty and Income Inequality in Developing Asia [M] Financial Inclusion in Asia. London: Palgrave Macmillan, 2016 (3): 61 - 92.

Patrick Honohan. Cross - country Variation in Household Access to Financial Services [J]. Journal of Banking and Finance, 2008 (11): 2493 - 2500.

Paul Langley, Andrew Leyshon. The Platform Political Economy of FinTech: Reintermediation, Consolidation and Capitalisation [J]. New Political Economy, 2020 (3): 11 - 31.

Sutherland W, Jarrahi M H. The Sharing Economy and Digital Platforms: A Review and Research Agenda [J]. International Journal of Information Management, 2018 (43): 328 - 341.

Wells D A, McKinnon, Ronald I. Money and Capital in Economic Development [J]. American Journal of Agricultural Economics, 1974 (1): 201.

Wibella Nevvi, Fahmi Idqan, Saptono Imam Teguh. Factors Affecting Consumer Acceptance of Digital Financial Inclusion: An Anecdotal Evidence from Bogor City [J]. Independent Journal of Management & amp; Production, 2018 (4): 1 - 16.

World Bank. Global Financial Development Report 2014: Financial Inclusion [R]. World Bank, 2015 (1): 1 - 101.

Zulfiqar K, Chaudhary M A, Aslam A. Financial Inclusion and its Implications for Inclusive Growth in Pakistan [J]. Pakistan Economic and Social Review, 2016 (2): 297 - 325.